教育部人文社会科学研究一般项目成果（项目批准号：11YJC630108）

基于协作理论的
大型钢铁企业组织设计研究

李晓辉　张秋曼　周永源　著

北　京
冶 金 工 业 出 版 社
2017

内 容 提 要

本书系统阐述了关于大型钢铁企业组织设计研究问题。全书共分7章，主要内容包括：研究背景及意义；国内外研究现状及趋势；企业协作的机理及功能；大型钢铁企业组织结构现状及效率；规模钢铁企业的组织特性——协作的适用性分析；协作机制在企业中的具体实现途径；宝钢组织结构及控制机制的案例研究。本书内容及研究理论，对于提高企业的整体效益，优化产业结构，促进企业良性发展具有一定的应用价值。

本书可供高等院校经营与管理专业师生以及企业管理和相关技术研究人员参考。

图书在版编目(CIP)数据

基于协作理论的大型钢铁企业组织设计研究/李晓辉，张秋曼，周永源著. —北京：冶金工业出版社，2017.1
ISBN 978-7-5024-7424-9

Ⅰ.①基⋯ Ⅱ.①李⋯ ②张⋯ ③周⋯ Ⅲ.①大型企业—钢铁企业—企业组织—设计—研究 Ⅳ.①F407.31

中国版本图书馆 CIP 数据核字(2016)第 315752 号

出 版 人　谭学余
地　　　址　北京市东城区嵩祝院北巷 39 号　邮编　100009　电话　(010)64027926
网　　　址　www.cnmip.com.cn　电子信箱　yjcbs@cnmip.com.cn
责任编辑　杨盈园　美术编辑　杨　帆　版式设计　杨　帆
责任校对　石　静　责任印制　李玉山
ISBN 978-7-5024-7424-9

冶金工业出版社出版发行；各地新华书店经销；固安华明印业有限公司印刷
2017 年 1 月第 1 版，2017 年 1 月第 1 次印刷
169mm×239mm；7 印张；133 千字；100 页
38.00 元

冶金工业出版社　投稿电话　(010)64027932　投稿信箱　tougao@cnmip.com.cn
冶金工业出版社营销中心　电话　(010)64044283　传真　(010)64027893
冶金书店　地址　北京市东四西大街 46 号(100010)　电话　(010)65289081(兼传真)
冶金工业出版社天猫旗舰店　yjgycbs.tmall.com
(本书如有印装质量问题，本社营销中心负责退换)

前　言

　　大型钢铁企业是国民经济的重要组成部分，其涉及面广，产业关联度高，上游涉及铁矿石、焦炭等行业，下游延伸至房地产、汽车、船舶、家电等行业，在实物产出和制度影响层面扮演着重要的角色，对国民经济的健康发展起着关键作用。近十几年来，我国钢铁行业的发展经历了快速增长阶段，宝钢、河北钢铁集团、武钢等一批特大型骨干企业迅速崛起。然而，快速增长带来的行业集中度偏低、产能过剩、产品结构不合理是目前钢铁行业面临的严峻问题。自 1996 年钢产量超过 1 亿吨以来，我国长期保持着世界第一产钢大国地位，根据工信部披露的数据，2015 年，全国粗钢产量 8.04 亿吨，产能利用率不足 64%，属于严重过剩。更为严重的是，随着新建项目如山钢集团喀什钢铁、八钢南疆钢铁基地等项目投入使用，产能过剩将进一步加剧。为走出困境，国家陆续出台《钢铁产业调整和振兴规划》等多项政策，鼓励钢铁企业联合重组，以形成真正具有竞争实力的现代化钢铁企业，提高行业集中度。在市场和行政的双重引导下，宝钢、鞍钢、首钢、河北钢铁等都通过兼并重组扩大了产能。然而经过几年的兼并重组，钢铁行业的整体运行并没有明显改善，据中国钢铁协会数据显示，过去 3 年，多数钢铁企业均为亏损经营。也有学者提出，我国钢铁企业的效率来源不仅仅源于规模，解决问题的途径也不在于通过大企业的兼并重组一味扩张，而是要减少高耗能低产量的小型钢企。这意味着未来钢铁行业中，小型企业将逐步退出。2016 年，我国钢铁行业产量降速仍远低于需求降速，供求矛盾仍将持续。业界认为，在去产能的过程中，引导企业兼并重组，增强企业活力尤为重要。未来，按照市场化运作、企业为主体、政府引导的原则，以优势企业为兼并重组主体，钢铁企业将加快实施减量重组，形成 1 ~ 2 家超亿吨粗钢产量企业，3 ~ 5 家 5000 万吨级以上企业，6 ~ 8 家 3000 万吨级以上企业（中国钢铁工业协会，2016 年）。

无论采用何种方式来打造健康的钢铁行业，单个企业的运行效率是行业健康的必要保障。美国世界钢动态公司（WSD）于2016年6月发布了最新一期的世界级钢铁企业竞争力排名，中国仅五家钢企入榜。在最新的竞争力排名榜单中，中国入围的5家钢铁企业分别是宝钢（6.70分，排名第23位）、沙钢（6.29分，排名第30位）、鞍钢（5.85分，排名第34位）、武钢（5.73分，排名第35位）以及马钢（5.52分，排名第37位）。虽然中国钢企入围数量不少，但竞争力普遍不是很强，在入围企业中基本处于中下游水平。即便是我国的大型骨干企业，相较于新日铁、浦项等国际上先进的钢铁企业，在综合实力和管理运行效率方面仍有差距。因此，企业从内部入手，通过结构和机制的调整来应对环境困局是值得重视的一个途径。经过多轮的兼并重组，钢铁企业面临的一个客观现实是：大幅增长的企业规模，如何保证扩张后的效率，是所有企业须考虑的问题。

组织结构会影响企业的经营绩效，规模企业的优势在于资源整合所带来的效率提高。大规模的组织结构意味着为保证效率而构造的相对稳定的内部运营机制，这种情况下，效率往往以市场应对能力作为代价。目前，钢铁企业的运营环境已经发生了深刻的变化，金融环境以及铁矿石价格波动对企业运营的影响表明，钢铁企业面临的市场更为开放、自由，企业的内部运行同外部市场进一步接近，外部的任何扰动都会快速传递到内部运营层面，企业需在规模扩张的同时，保持高度的灵活性，组织结构面临着"规模—灵活性"的挑战。

组织结构设计中，"规模—灵活性"是结构目标的两难问题，制度经济学对组织活动的交易化分析，为上述问题的解决开启了新的思路。从交易视角看，企业间的协作存在着介于行政制度和市场交易的"中间组织"方式，使得组织突破效率边界的同时，保持高度的灵活性。这也是虚拟企业、动态联盟、网络等新型组织机制产生的理论基础。上述基于协作的组织间机制，如果可以内化在大型钢铁企业的内部运行中，则能够有效地优化运行效率，实现"规模—灵活性"的双重目标。需要进行深入探讨和回答的问题是：大型钢铁企业是否具有中间组织协作机制运行的环境基础？协作机制引入大型企业内部应以怎样的方式具体实现？

　　合理的组织结构设计很大程度上决定着企业规模扩张的实际效果，相关研究对于提高企业的整体效率，优化钢铁产业结构，进而促进宏观经济的发展有着重要的现实意义和应用价值。基于此，本书内容针对大型钢铁企业规模扩张后，组织结构面临的"规模—灵活性"困局，在深入分析企业所处的环境及自身行业特征基础上，以网络组织协作作为理论分析的突破点，以企业内部子单元之间的管理协调机制作为研究对象，深入探讨大型钢铁企业的组织特性和运行特点，找到协作内化于企业组织机制的切合点；在此基础上，为企业组织结构及运行机制提供设计思路，提出务实可操作层面的组织结构设计方案。

编　者
2016 年 10 月

目　录

1 研究背景及意义

1.1　问题提出

从管理学科产生伊始，组织结构的选择与设计就成为管理活动中非常重要的一个方面，合理的组织结构的探讨也始终是学者以及企业家们关注的焦点。许多大型企业的成长与发展都伴随着组织结构的变更与重新设计，尤其当企业面临环境变化以及发展困境时，组织结构的调整往往成为企业应对困局的有效手段。反之，实践中也有众多的企业由于组织结构设计或调整不合理使企业陷入危机。

作为企业运营最基本的承载体，组织结构确定了企业内部的权力配置以及分工协作的基本模式，在既定的资源和生产环境条件下，合理的组织结构能够为企业提供良好的信息交流与生产协作平台，为有效地决策和生产活动提供保证。经典的过程学派将组织结构作为管理的一项重要职能，从实践层面看，由于组织结构本身为管理的一切活动提供了平台，因此其在管理活动中的重要性就显得更为突出。

组织结构的内容涵盖很多，从结构本身看，物理层面体现为静态的部门数量，部门之间的隶属及汇报关系；逻辑层面则体现为企业内部动态的控制协调机制，决定了企业在运营中决策以及生产活动如何开展。对于大型企业而言，物理层面的静态结构具有一定的类似性，例如，目前绝大多数企业都采取了母子公司或集团总部分部门的基本形式，部门的种类及数量与生产特点密切相关，这就表现为生产特点相近的企业，几乎拥有相同的组织结构图。然而实际中，结构类似的企业在绩效表现上则千差万别，原因在于内部控制和协调机制的差异。此外，需求多样化为引擎的市场变化以及技术进步为引擎的企业生产变革对于组织设计提出了新的要求，而大型企业的规模以及运作模式已经远远超过了普通意义上的企业边界，总部对于下属分部门的控制力配置以及众多部门之间的沟通协调机制都成为规模企业组织结构设计面临的重要问题。而上述问题在传统的以横向专业化分工和纵向官僚授权为基础的组织设计框架内很难解决，需要新的理论分析视角以及实践解决途径。

1.2 研究背景

1.2.1 大型钢铁企业现状

    大型钢铁企业作为我国重要的经济构成部分，其组织结构在市场经济的改革历程中最具典型性，从最初高度集中的"公司制"，到 20 世纪 70 年代末至 80 年代中期的企业横向经济联合，一直到多数企业所采取的集团制，大型钢铁企业的组织结构经历了系列的改革与调整。目前，钢铁业正通过企业间的兼并重组，解决行业集中度低所带来的问题，也意味着钢铁企业将开始进入真正意义上的规模化经营阶段。

    从产业角度看，当企业具有规模优势时，其运行可以很大程度的影响甚至主宰市场。然而，我国钢铁企业目前的运营实际是，企业在整个产业价值链中并没有大的优势。原材料方面，由于缺乏稳定、有价格优势以及高质量的矿石来源，企业的生产经营受到来自原材料供应的极大扰动；最终产品方面，目前，我国钢铁行业整体产量大，但产品结构与市场需求契合度不高。2011 年，我国的粗钢产量达 6.83 亿吨，比上年增长 7.3%。尽管如此，由于技术水平等问题，钢铁产品还不能完全适应国内经济发展的需要。每年需进口的品种约有 2000 万吨，供需还存在矛盾。缺少能在国际市场中同一流企业竞争的产成品，而国内市场消费能力有限，企业同时受到来自市场需求方的制约，市场主动性差。此外，企业规模偏小所带来的行业集中度问题依旧是困扰行业发展的重要因素。与国外先进产钢国相比，我国钢铁产业的集中度偏低，我国最大 10 家钢铁企业市场占有率合计约为 62%。而日本前五大钢铁企业的产量占国内钢产量的 70% 左右，韩国仅一家钢铁企业就占了国内钢产量的 65% 以上，欧盟前六大钢铁企业市场集中度也超过了 70%。集中度低造成的产品趋同和相互之间的竞争，降低了行业整体利润，也难于同国际钢铁巨头竞争。集中度背后更为重要的是企业规模运行效率问题，整体看，传统粗放发展模式的惯性对大型钢铁企业整体运行的影响依旧存在，企业生产运营成本较高，而行业集中度需建立在有效的规模基础上。

    对于钢铁企业而言，一方面，企业需要扩大规模以提高行业抗风险能力以及话语权；而另外一方面，生产体制由社会化大生产向灵活的、适应市场需求日趋多样化的方向发展，全球市场在空间上日趋一体化，在时间上变化的周期不断缩短，市场对企业动态和灵活调整能力要求不断提高。这使得传统集中控制的组织结构与分散、波动的市场之间冲突凸显，企业的规模效率往往会由于缺乏灵活性而影响绩效。迅速变化的市场环境对企业的生存与发展提出了新的要求，当产业布局在一定时期内无法改变时，从提高自身的运营绩效入手，提高竞争能力，对于大型钢铁企业而言格外关键。

1.2.2　理论背景

企业在实施战略时，须有一定的组织结构相匹配，传统的对于大型企业组织结构的探讨主要包括形成机理分析以及组织结构优化两个方面。其中，机理层面的探讨主要以解决市场不完备性为分析视角，解释大型组织存在的合理性。组织结构设计则强调内部横向的专业化分工，纵向权力配置的主要目的是充分发挥专业化为生产带来的效率，结构完善也主要集中在部门的重组以及在此基础上层级权力的划分和监管，尤其是高层的权利配置问题。可以看到，传统的组织结构分析框架的基础是组织内部的官僚授权模式，以及紧密联系的各构成单元，对于结构本身的探讨也更侧重于内部的静态分析。然而，现实情况是，大型企业的下属单元众多，独立性强，各自均可以看作为完整的运行单元，有的单元甚至可以脱离开企业独自生存。大型企业自身的复杂构成，再加上同市场运营边界的融合以及在生产价值链中的深度嵌套，使得多样性、复杂性和动态性成为大型企业组织结构的新特点。上述现实表明，大型企业的组织结构已经超出了传统组织理论的解释范围，新的组织特征客观上要求有新的分析角度和解决问题的手段。

目前，组织结构灵活性获取的讨论主要从分散化组织方式替代层级组织模式以及组织结构的扁平化等角度展开。敏捷制造、并行工程、动态联盟、内涵式发展等理论被不断添加到管理实践中。然而，很多新的生产方式和技术在企业中并没有取得预期的效果。其中一个最重要的原因是，新方式、新观念需要相应先进的组织结构和管理模式，合理的组织结构与管理模式同先进的技术具有同样重要的地位。

如前文所述，由于大型企业具有复杂性、多样性以及动态性等特有的自身特点，其自身内部不同单元之间的交互活动已经超出传统意义上的企业内部活动，部分学者开始从交易成本视角解析大型企业集团的成因及效率。此外，以往对于大型企业的分析更侧重于内部的管控问题，即组织结构的垂直授权，而大型企业中由于构成单元的独立性以及由此产生的横向协调还没有充分研究。大型企业的内部构成特点具有明显的半市场半科层的交易属性，交易成本用于大型企业的内部效率分析是一个合理的视角，而且可以更进一步用于解释作为相对独立的构成单元之间的横向协调活动，并基于此设计更高效的管控机制。

1.3　研究意义

企业的组织结构对提高企业绩效有着非常重要的作用，成功的企业首先是在组织结构上逐步完善，并在此基础上实现变革和创新。理论层面看，多年来学者们始终在积极探索能够适应不断变化的经营环境下企业组织结构及其优化问题，本文以交易理论作为分析基础，同时考虑企业横向协调机制这一新的分析视角，探讨组织结构的合理设计与优化是对现有研究的一个补充。实践层面看，大型钢铁企业作为国民经济的重要组成部分，无论在实物产出层面，还是在制度影响的层面，都扮演着重要的角色，其发展与效率对于我国整体经济的影响不容忽视。大型钢铁企业的组织结构经历了一系列的改革，集团化运营已经成为多数企业的主要组织结构模式。然而，同国际上先进的企业相比，我国企业在技术以及管理上还存在着不小的差距。一方面，长期粗放式无序发展对企业造成的负面影响开始逐步显现，企业在整个行业中处于不利的位置；另一方面，由于我国企业集团发展的时间比较短，企业管理缺少可借鉴的经验，对下属各成员企业业务过程的统一部署、规划和协调运作方面的管理效率还较低，规模运营和集团组织优势没有充分发挥。

对于大型钢铁集团，进一步向更大更强的方向发展，仅依赖更新设备、扩大产能已经无法达到目标，通过管理的提升，更加充分有效的利用资源，是企业面临的主要问题。从优化组织结构入手，实现合理分工协作，降低运营成本，是提高企业集团的运营效率，进而增强企业竞争力的有效途径。针对性的研究，对于实践中提高大型钢铁企业的整体效率，进而优化钢铁产业结构，促进宏观经济环境的发展都有着重要的意义。

2 国内外研究现状及趋势

2.1 组织理论的发展及演化趋势

组织理论是针对组织客体，探究组织运行机理，解释和指导组织实践行为的一门学科。组织作为人类社会分工演进的产物，本身具有社会性和历史性。与之相呼应，体现在理论层面，则表现为组织理论的不断发展和演进。符合理论发展趋势，是研究主题理论上具有可行性的条件。从理论出现的时间以及学派界限两个角度考虑，组织理论研究需关注这样几个阶段：古典组织理论、行为科学和现代组织理论阶段。

2.1.1 古典组织理论——科层式的组织结构形式

以效率为引擎，古典组织理论以科学严谨的分析思路，采用静态—结构—规范的观点来研究组织问题，对组织中结构的静态功能（如分工、层次、责任制度和职权等）进行了较为全面的分析，重点放在组织内部的管理过程及基于上述过程的效率获取，基本研究思路为对组织构成要件进行解剖，力图通过提高内部环节功能使组织产生更有效的业绩并对正式组织的存在进行合理化的论证。

以泰罗的科学管理、法约尔的行政组织以及韦伯的官僚制度为代表的古典组织理论是这一阶段的典型代表。提出的关于组织效率的机制主张包括：

（1）职能管理、专业化和标准化分工（泰罗，1985年）。泰罗主张实行职能管理制，把计划职能（管理职能）与执行职能（实际操作）分开，并进一步强调计划的重要性；除单独设置职能管理机构，还要在职能管理机构内部的各项管理职能之间实行专业化和标准化的分工，使所有的职能人员只承担管理职能。此外，在管理上主张权力下放及例外原则，在上下级之间实行合理分工，上级把一般性的日常事务授权下级管理人员去处理，而只保留对例外特殊管理事务的决策权和对下级工作的监督权。泰罗的这些主张对组织理论产生了非常深远的影响，职能管理的思想为以后职能部门的建立和管理的专业化提供了基础，例外原则也成为现代分权理论的来源。

（2）沿袭泰罗的思想，法约尔从公司整体经营和管理的视角出发，首次概括并阐述了适用性更广泛的一般管理理论。法约尔区别了经营和管理两个概念，提出企业的经营性活动包括：技术性工作、商业性工作、财务性工作、会计性工作、安全性工作、管理性工作，其中，管理是组织经营活动中非常重要的一项工作，并明确了管理职能：计划、组织、指挥、协调、控制五大职能，概括了包括组织职能在内的 14 条一般管理原则。他独创性地提出有必要设立无等级、无权限的参谋机构，协助高层管理者完成管理工作。法约尔设计的为解决下级之间跨越统一的指挥链而进行直接联系的组织形式，是对层级原则有益的补充，解决了泰罗"职能工长"设想中可能出现的多头指挥问题。从某种意义上说，"跳板"原则其实是对泰罗的"例外原则"的深化，也隐约显露出矩阵结构的影子。法约尔的这些思想都进一步理顺了内部组织机构及其相互之间关系，并以制度规范将其规定下来，完善了直线—职能制组织形式。

（3）古典组织理论阶段的另一项重要成果是韦伯的行政管理体制。韦伯以人的行为一般会规律性地服从于一套规则作为分析的基础，指出组织的本质在于存在支配成员行为的特殊规则，并明确系统地指出理想的组织应以合理合法权力为基础，通过这种合理的权力结构，构架一种高效率、合乎理性的管理体制，以达到组织目标。韦伯的行政管理体制在 19 世纪盛行于欧洲，直至现今，绝大多数大型企业的基本组织结构也都秉承了韦伯行政管理体制的基本架构。韦伯的行政管理体制主要包括以下特点：第一，组织中的成员应有固定和正式的职责并依法行使职权。组织是根据合法程序确定的，应有其明确目标，并靠着这一套完整的法规制度，组织与规范成员的行为，以期有效地追求与达到组织的目标；第二，组织的结构是由上而下逐层控制的体系。在组织内，按照地位的高低规定成员间命令与服从的关系；第三，强调人与工作的关系，成员间只有对事的关系而无对人的关系；第四，成员的选用与保障：每一职位均根据其资格限制（资历或学历），按自由契约原则，经公开考试合格予以使用，务求人尽其才；第五，专业分工与技术训练。对成员进行合理分工并明确每人的工作范围及权责，并不断通过技术培训来提高工作效率；第六，成员按职位支付薪金，并建立奖惩与升迁制度，使成员安心工作，培养其事业心。韦伯充分论证了组织中的职权特性，对行政组织形式的结构提出了自己的构想，提出了高层职能决策，中层负责执行以及基层从事具体业务的分层、严格、有绝对固定规则的科层式组织结构。科层式组织的设计第一次体现了管理的科学、精准与严谨，更为重要的是，由于其更适合当时规模化大生产的企业背景，因而极大地改善了企业的绩效，成为古典组织理论的一大贡献。

这一时期对组织结构的理解与界定带有一定的封闭性和普遍性，体现在研究问题明确规定在企业内部，更强调用科学和理性的准确性、严格性和普遍性来解释组织结构的变化原因以及合理的组织结构本身对于管理功能的完成。由于当时的理论经验还不足以预见未来企业面临的问题，理论的重点主要放在对组织管理的基本原则的概括和分析上，组织的其他外部因素以及影响成员的心理因素没有作为要点纳入组织分析与设计的范围。

2.1.2 行为、社会系统理论——非正式组织的渗入

随着技术进步以及物质激励在提高组织效率方面作用的逐渐降低，组织中的个体行为以及社会因素开始成为新的组织结构关注要素。以霍桑实验为分水岭，新古典组织结构理论从个体的行为差异、行为原因以及对组织结构的影响入手，研究组织的效率问题，强调组织中社会心理因素对人行为的作用，重视社会环境和人际关系对提高工作效率的影响。不同于古典组织理论，以梅奥、巴纳德的人际关系理论为代表，新古典组织理论主张充分考虑个体的社会性，人不是仅仅以经济利益的满足为目的的"经济人"，而是有更丰富需求的"社会人"，社会因素和心理因素会对其工作积极性同时产生影响，而组织各种效率主要取决于人的"士气"，组织目标的完成应通过沟通和激发员工士气，情感和人的需要是组织结构变化的原因，因而进行组织结构设计需重视考虑人的特点。

以个体在组织中凸显的社会性为引擎，行为科学及社会系统理论将组织内部各子单元及个体间的相互冲突、协调配合以及沟通等问题作为组织研究的重要参数，将分析重点转移到组织中人的社会性，并探讨在此基础上组织中的个体行为，人际关系以及非正式组织，从人的心理及情感需求视角分析影响企业绩效的原因。这一阶段的组织理论不仅从技术——经济系统来分析和看待组织，而且更多从社会系统角度，考虑组织中人的经济、社会和心理方面的激励需求，并从情感和人的需要来解释组织结构变化的原因。同时，非正式组织、权力接受、组织能率以及组织对于内部外部因素的依赖与平衡等新的概念被引入组织结构分析。从这一时期开始，外部环境成为组织研究的一项重要因素，表明组织理论关注的焦点不再单纯局限在组织内部。

同理论发展相呼应，组织在这一时期虽然没有明显的结构革新，但非正式组织作为研究正式组织的一个要素渗入到组织结构中，并成为组织内部机制设计一个不容忽视的方面。许多在科学管理时代被认为是正确的规则，由于非正式组织的存在而受到质疑，在新的思路下，原有组织结构中的运行机制——尤其在员工的激励及单元间协作方面有了新的主张。

2.1.3 现代组织理论——中间组织形式的出现

以技术发展为引擎，现代组织理论以更为开放的视角分析和审视组织运作及其影响因素。无论是古典组织理论还是行为组织理论，其观察组织的视角依旧是封闭的组织内部的局部构件行为，只是古典理论将人的行为进行了"物化"，而行为科学考虑了人的心理因素。现代组织理论最重要的突破在于视角的多样化，

一方面，从开放的视角将组织与环境间的互动作为着眼点，研究组织与外部系统以及组织内部各子系统之间的相互关系。另外一方面，研究视角由"科学主义"同"人本主义"相分离转向组织中人、组织以及环境之间的互动（刘延平，2007 年）。具有代表性的现代组织理论包括权变理论、生态理论、资源依赖理论、组织经济学以及系统理论。权变理论强调组织的设计调整对环境因素具有高度的依赖性，现实中不存在最优组织结构以及普适的组织理论和方法，组织需根据环境的变化调整自身行为（L. Donaldson，1995 年），系统学派认为组织是一个开放的具有整体性的系统，其内部子系统之间以及与外部环境有着非常紧密的物质与信息交换，应用系统论的思想、方法和原理来全面分析组织的结构及管理活动。

社会分工和科技进步彻底改变了组织赖以运行的平台，新平台中资源流动性更强，组织同外部要素的关系更紧密，而由此产生的许多新的组织问题和现象，单纯从内部入手已无力解决。在这样的大环境下，随着对组织更深刻的理解，组织研究的着眼点进一步扩展到了外部的各个方面，理论视角也更加多元化，考虑组织理论的学科基础，以交易费用视角为代表的经济学组织理论研究方法值得关注。交易费用理论的出发点为交易，并围绕这一核心探讨企业的边界，解释企业上下级关系及组织形式的选择。其中，介于企业及市场的中间组织研究，将组织效率同更广范围的环境效率结合在一起，为解释新经济环境下的组织形式和管理机制（如战略联盟、企业集群、网络组织等）提供了更有力的分析工具，也产生了对组织性质的新认识。

组织理论的发展脉络中可以看到，相关研究经历了由静态的、微观的任务、个体分析，转向动态的、宏观的关系分析；研究对象由严格的产权界限内行为，转向开放的组织环境，以及半开放的中间组织行为。上述理论发展趋势对于目前的组织分析，尤其是大型钢铁企业的组织设计有重要的提示。

2.2　组织结构及研究要素

巴纳德（Bamard）认为"组织是一个有意识的协调两人以上的活动或力量的合作体系"，"是为达成共同目的的人所组合的形式。一个组织群体，如果想有效地达成其目标，就必须在协调合作的原则下，各人做各人的事"。更通用的组织界定认为，组织是动态的组织活动过程和相对静态的社会构造实体的统一。组织的特征包括：既定目标，即组织成员一致努力以求达成的共同目标；既定分工，即组织成员通过分工而专门从事某项职能工作；既定秩序，即通过有关的规则所形成的成员之间的正式关系。组织涉及两个方面的问题：第一，不同管理机构和主管们之间的权力和沟通路线；第二，通过这些权力和沟通路线流转的信息和数据（钱德勒，2002 年）。组织结构对企业战略的执行关系重大，单纯依赖技术、金融以及人员上的增长而没有组织结构的调整无法实现规模经济性，战略更新必须辅以结构更新才能使企业更有效地运营。此外，三个关键要素决定了组织中的正式报告关系，包括：(1) 职权层级的数目和主管人员的管理幅度；（2）个体组合成部门、部门再组合成整个组织的方式；（3）确保跨部门沟通、协作与力量整合的制度设计（达夫特，2003 年）。

组织结构是企业目标实现的基本支撑和保证，它包含由不同部门组成的垂直权利系统和水平协作系统，其内涵体现在职、责、权方面的有机整合。由于组织结构在企业中的基础地位和关键作用，企业所有战略意义上的变革，都必须首先在组织结构上开始。因此，对于组织结构的分析是优化企业组织结构的前提。

本文主要研究的对象是企业组织。企业组织是众多组织中的一个重要类型，它是由两个或更多的个人在相互影响与相互作用的情况下，为完成企业共同的目的而组合起来的一个从事经营性活动的单位。

2.3　组织结构的类型及特点

随着企业以及环境的发展变化，同理论演进相对应，企业组织结构形式也经历了不断变革，从最早出现的直线制组织到今天的职能制、直线职能制、事业部制、超事业部制、模拟分权制、混合式、矩阵式、多维结构等多种组织形式。不同类型组织结构的出现，有其背后的环境诱因。同时，不同类型的组织，有其自身的特点及适用条件。

（1）直线制。直线制是产生较早、结构相对简单的现代企业组织结构形式，它以管理等级为基础，企业的管理及业务运营均由企业主直接指挥和管理，不设专门的职能机构，组织运转所遵循的基本准则为下级人员只对他的直接上级负责，在这一规则下所形成的是典型的金字塔式结构。直线制结构一般适用于处于初建阶段，环境较简单，生产过程较为简单，不需要按职能实行专业化管理的小型组织。

（2）职能制。社会化生产以及技术水平的提高使企业的生产过程更为高效复杂，产品市场的丰富则使企业面临着更激烈的竞争，管理者仅靠个人力量很难指导全部生产活动，职能制成为解决上述问题的有效的组织结构。

职能制组织结构中，组织从上至下按照职能将各种活动组合起来以提高生产效率。在企业内部出现了专门从事管理工作的职能人员和部门来代替直线制的全能的管理者。各职能机构在自己的业务范围内，向下级下达命令指挥企业的生产经营活动。在此基础上的改进型组织结构是直线—职能制，它以直线制为基础，同时利用职能制的优点，既保证生产上的统一指挥，同时兼顾行政参谋方面的建议。

（3）事业部制。事业部制是现代大型企业❶广泛采用的一种组织形式，它是在一个企业内对具有独立产品市场、独立责任和利益的部门实行分权管理的一种组织形式。在企业的具体运作中，事业部制又可以根据企业组织在构造事业部时所依据的标准的不同分为地区事业部制、产品事业部制等类型，通过这种组织结构可以针对某个单一产品、服务、产品组合、主要工程或项目、地理分布、商务或利润中心来组织事业部。（刘兴国，2003 年；Joseph，1992 年）

（4）集团公司。同上述三类组织结构相比，集团公司的组织结构相对松散、扁平，通常是由众多的中小型企业以资本为基本联结纽带，通过横向合并所形成的多法人企业联合体（张晓钦，1998 年；席酉民，2002 年）。集团（母公司）设立若干行业公司（子公司）分别统管一大类业务，是集团的一级利润中心。母公司对行业公司进行控股，承担有限责任，并通过控制性股权对子公司进行直接控制和管理。子公司作为核心企业，可以统率一大类业务相同或相近的基层企业实行行业归口管理。集团公司的组织结构通常适用于跨行业、业务多样、规模较大的企业，旨在发挥母公司的战略优势，同时鼓励子公司的积极性、灵活性。在必要时，母公司还可以放弃没有前途的子公司以避免财产和经营风险。

（5）组织结构发展新趋势。近年来，企业组织结构形式的发展更加多样化，以扁平化、柔性化、虚拟化、无边界化为特征的许多新的组织结构形式在企业实践中得到了应用，典型组织结构包括：矩阵式组织、学习型组织、团队—层次型组织结构、虚拟企业等。

1）矩阵式组织。以往组织构成的共同特征是以单一的规则（如以行政职能为主线或以业务职能为主线）设计结构，组织中一定程度的存在部门各自为政、协调不畅的问题。职能式结构强调纵向的信息沟通，而事业部式结构强调横向的信息流动，矩阵式可以将这两种信息流动在企业内部同时实现（邢少国，2003年）。矩阵式组织结构改变了传统的单一直线垂直管理系统，它在垂直形态组织结构的基础上，增加了横向的管理沟通系统，形成二维的组织结构，结构中的员工同时受两方向领导的管理，呈现交叉的领导和协作关系。当环境一方面要求高效的专业技术生产，同时又需要个性化产品时，矩阵式结构具有较强的优势（C. Robert，1992 年）。

2）学习型组织。从彼得·圣吉《第五项修炼》提出学习型组织概念以后，管理者们就开始考虑将它应用于企业中。学习型组织是指通过培养整个组织的学习气氛，充分发挥员工的创造性思维能力，从而建立的一种有机的、高度柔软的、扁平的能持续发展的组织。其核心内容是学习型组织需建立的五项有效的学习手段，包括：①系统思考。传统的组织结构中，各个层次的决策者往往容易关

---

❶　例如 IBM、GE、壳牌石油公司和大众汽车公司等。

注局部，忽视了组织内相关部门间的相互依赖关系以及组织整体。系统思考要求组织成员在处理问题时，应从组织的整体利益和长期目标着眼，建立全局观，以便组织在动荡环境下，也能够有较好的发展；②自我超越。通过鼓励成员发挥创造力来突破学习极限，提高成员的自主管理和决策能力，以增强组织的适应和创新能力；③改善心智模式。心智模式是指人对世界的看法，通过对上下级间关系的重新理解，组织目标、使命、价值观达成共识，以及动态环境的再认识都可以达到心智模式改善；④建立共同愿景。要求组织通过重新审视和反思，同成员探索交流，建立成员共享的组织共同愿景；⑤团体学习。学习型组织强调，个体在集体学习中的成长速度以及获得的成果高于其他学习方式。通过"深度汇淡"，可以找出有利于组织学习的互动模式，以便学习型组织的建立。

此外，也有学者认为，学习型组织不存在单一的模式，它更多是从组织概念和雇员作用角度出发所形成的一种态度或理念，是思考组织的一种新的思维方式，现实中没有发展出一套成形的组织结构框架（李涛，2002年；刘漩华，2002年）。

3）团队。团队式结构指在传统的层次结构的基础上，在不同层次及不同职能部门之间建立的以任务为中心的管理团队，不同管理团队间的成员可以重复交叉，团队成员既有高层和中层管理者，也有不同职能部门的管理者，其人员组成打破等级和部门的界线。这些团队成为实现职能部门之间和上下级之间沟通的主要介质，尤其是由下至上的沟通纽带，促进了上下级之间，不同职能部门之间的沟通和学习，有效地克服了传统层次结构的沟通障碍。同时，由于它是建立在层次结构的基础上，又保留了层次结构特有的稳定性和效率，避免了"退化的风险"。

4）网络组织。网络组织是现代管理理论和信息通信技术发展到一定阶段的产物，是一种介于传统组织形式和市场运作模式之间的新型组织形态，这种网络组织既不像市场那样依靠契约进行交易，也不像科层组织那样通过权威关系来协调行动，而是通过长期合作结成利益共享、力量互补的结构。网络组织是介于市场与科层组织之间一种重要的组织结构形式，其本质是在扁平化基础上的延伸（徐碧琳，2008年）。在网络组织内部，"节点"和具有高度自组织能力的网络组织在"共享"和"协调"的目标以及松散、灵活的组织文化的支持下处理组织事务（Federico，2000年）。构成网络组织的三个基本要素包括行为主体、活动和资源。网络关系则是主体在主动或被动的参与过程中，资源交换、传递过程中建立的各种正式和非正式关系的总和（Hakansson，1987年）。网络组织结构的特点体现在组织内没有明显层级、企业具有高度的灵活性，能够根据它们的核心能力在价值链上定位，通过战略联合和外包来获取资源（Raymond，1986年）。网络组织的一个重要功能在于可以将相互关联的企业纳入网络中，并通过协同效应创造出高于资本成本的收益。实践中,网络组织的具体实现形式包括虚拟企业、战略联盟等。

组织结构规定了组织构成要素之间如何相互交往、沟通、信息如何流动,以及权力关系如何定义。组织结构的选择反映了组织所作的价值观选择,它指出工作任务如何正式划分、归类和协作。从组织理论以及现实中组织结构形式的具体演变中可以看到,理论的外拓化趋势在现实的组织结构中体现为管理原则的多样和灵活化。同时,管理所针对的单元也不再有严格的界限。此外,从组织结构调整和优化这一视角观察可以发现,应对经济环境变化速度的加快,相关理论改变了传统的静态研究方法,开始更加强调组织的动态管理。学者从组织自身以及同外部的协同、平衡、发展以及变革等角度对组织结构调整和优化进行了研究。而新出现的流程再造、学习型组织、团队等新型组织概念进一步提出了创新的结构调整观点与思想。

随着组织规模与组织复杂性的提高,组织结构会随之发生相应的演变发展:从简单直接控制的直线型组织结构到具有分工协调作用的职能型组织结构、从适应业务多元化需求的事业部型组织结构到灵活多变的矩阵式与无边界组织结构。在这种情况下,给管理控制规则设计的提示是,组织中规则的通用性和灵活性需要平衡。此外,对于具有传统组织架构的大型企业集团来讲,由于其构成纽带和成员的多样性,集团内部的管理与控制应当更多的借鉴新兴组织结构的模式和管理理念,从多样化的控制方式中寻求大型企业的管理效率。

2.4　中间组织理论视角下的管理制度

2.4.1　契约视角的管理权分析

运用契约理论来分析组织内的控制权分配是目前组织结构设计的新趋势。从契约角度看,组织的控制权分配本身也是内部的契约安排,组织内的控制权可以让渡,本质上是委托人和代理人之间的权力配置,合理的控制权设计能够节约组织的交易成本,提高组织绩效。

科斯在"企业的本质"中首次从经济学角度提出了"权威"的概念,也尝试了契约视角的控制权界定。科斯从交易成本角度比较了市场价格与企业额内部控制之间的效率差异,研究提出,使用市场价格机制控制的成本在于交易费用。因此,某些原来由市场协调完成的控制活动,通过将其一体化到企业内部,可以降低交易成本;不过一体化的程度会导致不同的"组织成本"制约,判断某项交易是采用市场协调还是企业内一体化,需要比较上述两种成本。而企业之所以能够存在,就是在于企业内的"权威控制"关系能够减少分散定价所产生的交易成本。随着组织的不断发展,针对现代企业制度中的控制权有了更进一步的界定。现代企业制度中的控制权更多体现在股东获取企业管理权的方式上,例如,通过多数控股、法律手段以及经营者控制等，控制权的用于描述早期的代理问题，当控制者的利益不同于所有者时，在利益分离的情况下，控制权最终还是会落在经营者手中。

新制度理论的控制权研究将控制权同组织本质以及组织设计紧密结合起来。诺斯指出，控制权是企业组织的重要特征，涵盖了决策团体以及决策结构所界定的所有契约。同科斯的界定有所差异，作为企业组织的本质特征，权威是组织内生的，是"委托人有资格去监督代理人的绩效"，能够决定代理人的奖惩，因此，企业内的控制权与委托权相关（张维迎，1999 年）。

结合经典的企业控制权研究，新制度视角对于控制权的界定与配置进一步走向了企业内部，由权力所有者和经营者之间走向了科层内部的上下级之间。韦伯是对组织内控制权配置进行系统深入研究早期学者，相关研究中提出了合理控制权（rational authority）与法定控制权（leagal autyority），反映了拥有权力与行使权力之间的差别。在此基础上，制度理论进一步将组织控制权界定为名义控制权（formal authority）和实际控制权（real authority），其中，名义上的控制权来自于所有者，包括股东或者通过规章制度分配得到的董事会；实际控制权则来自信息掌握者，是实际做决策的权力。这种权力观延伸到科层中则体现为总经理与部门负责人之间的决策权划分，即名义控制权与实际控制权的分配。其中，科层中的实际控制权也来自于对信息的拥有（Aghion，1999 年）。由此可以看到，科层中的控制权本质上是控制者的自主决策与影响力的体现，其大小同信息的掌握程度相关。

此外，学者对于控制权（authority）和领导（leadership）也进行了区分。控制权具有某种程度的强制性，在组织中有正式规定，是绝对的。而领导所产生的影响力很多时候来自于下属或追随者的自愿性，因此，领导可以使用非正式控制。这种非正式性的主要来源在于追随者对于领导的信任，他们愿意接受并相信跟随会给自身带来更多的收益。控制权与领导在概念上的区分给组织控制权配置的提示在于，正式的组织机制设计可以解决控制权的运行基础，然而，真正在组织中存在的权力结构还同领导的影响有关，有效地控制力配置需要同时考虑来自领导以及其他方面的"非正式"因素。

权力配置是组织设计中非常关键的问题，组织内部的信息掌握能力直接决定了组织内的权力匹配，而权力匹配的合理与否则对于组织的决策活动产生至关重要的影响。按照这一观点，组织中控制权应分配给在决策中掌握信息优势的一方，实现分配的具体组织设计活动为集权或分权。有两条使知识（信息）和控制权匹配的具体方式：一条是将知识（信息）转移给有决策权的人；另一条则是将决策权转移给掌握知识和信息的人。前一种途径为"廉价交谈"（cheap talk）。然而，在将知识传递给决策人的过程当中，可能存在信息噪声，尤其当信息拥有者的利益同决策方利益不完全一致时，甚至会发生信息失真和扭曲，从而影响决策的正确性。而对于后一种以授权方式配置组织控制权，则有可能导致由于权力转移而产生的代理成本。可以看到，组织内部的集权和分权的权力配置方式始终是组织设计中的一个两难问题，高的集权程度可以减少代理成本，但信息成本会提高；分权程度增加可以减少信息成本，但会增加代理成本。因此，组织内控制权的分配需要在代理成本和信息成本之间有效权衡，以达到提高组织绩效的目标（汪建新，2008 年）。

2.4.2 管理权的分配

围绕组织设计中控制权配置的核心问题——集权、分权的程度，学者们进行了大量的分析探讨。由于信息的掌握是控制权分配的重要来源，关于控制权的配置也就主要集中在重要的信息影响要素上，包括：信息通讯交流的成本、信息处理成本、委托人与代理人之间的串谋。

2.4.2.1 控制权的基本配置形式及适用情况

针对集权和分权的实际权力配置效果，有学者提出，集权与分权之间在本质上没有大的差异，在效率上可以相互替代。但这种替代产生的前提条件包括：首先，委托人与代理人之间不存在信息的通讯成本、信息处理成本以及由于契约复杂性所产生的成本；其次，代理人之间没有串谋的行为；第三，委托人对组织机制的承诺是可信的，不会出现重新谈判的情况（Myerson，1982 年）。当满足上述条件时，对于简单的组织系统❶，组织结构的具体实现模式可以通过信息合并、信息分权以及信息授权的方式。信息合并指将组织内拥有信息的下级生产部门合并，由上级管理者与其整体订立生产契约。信息分权则是针对不同的生产单位，管理者与其分别订立生产契约。信息授权则指高层与其中的一个下级生产单元签订契约，再由该生产单元同另外单元签订分包契约。信息合并和信息分权的产出不同，后者的最优产出并不取决于各个产出单位的边际成本之和，否则，上一级管理层会严格的偏好于信息合并方式。同时，当管理层能够观察到下级生产单元之间的契约时，信息授权方式的组织产出等同于信息分权的产出（Baron，1992 年）。上述三种权力配置方式形成了集权、分权以及授权三种类型的组织结构，对三种组织结构形式进行比较的关键是，生产单元所拥有的信息对于代理人而言是有利还是有弊。而区别上述组织结构的关键在于他们的信息结构、生产单元之间替代或互补的程度决定了信息价值具有超可加性还是次可加性。当单元间替代程度较低时，信息的价值是次可加的；反之，信息价值具有超可加性

---

❶ 其中，有一个组织设计者，他负责安排整个组织的生产活动；组织中还包含两个不同的生产单元，他们拥有自己的生产信息。

（Senerionv，2002 年）。

也有学者从责任中心（成本或利润中心）角度，通过委托代理模型检验责任中心的有效性，来探讨组织内控制权的配置。委托人的控制权有两种安排方式，分别和不同的代理人直接订立契约，或是建立一个责任中心，两种方式都可以产生激励效果。当采用责任中心的控制权配置方式时，委托人可以和责任中心的管理者签订契约，授权其有同其他代理人签订契约并协调活动的权力。委托人则只需要监督责任中心的财务情况。当信息通讯障碍较多时，责任中心的组织结构方式比同代理人分别订立契约更为有效。进一步，在科层组织中，代理人之间在进行权力配置时，授权一方可以减少信息通讯的障碍和委托人信息加工成本，如果能对代理人在合作中的贡献活动进行充分的监督，并以此为据同代理人订立不同契约，那么授权所产生的激励结果会更好（Melumand，1995 年）。

2.4.2.2 信息结构对控制权配置的影响

组织采取集权、分权或者授权的组织结构，与信息结构的特点密不可分，而组织内部信息通讯特点以及由此所产生的成本则是分析信息结构时不可忽视的重要方面。信息通讯成本主要在组织内上下级之间进行信息传递活动时产生，而有限理性的存在又使得组织内无法签订完备的契约，这进一步增加了信息传递成本。科层组织内的专业化分工需要知识专业化，在这种情况下，委托人和代理人之间的信息传递与控制权的分配就更为重要。当组织面临决策时，组织各个单元都拥有各自的私人信息，这些信息即难以观察也无法证实，此时控制权的配置决定了决策的有效性。当委托人和代理人之间的信息不对称程度较低时，参与者更容易建立起一种关于所有信息的共同知识，由于双方可以订立更加接近于完备的契约，组织中串谋发生率较低，集权的组织结构模式优于授权。然而在实际中，信息传递无障碍和完全契约的可能性较低，在面临复杂环境下的决策问题时，集权就很容易失效。当契约中存在不确定性，即委托人和代理人之间存在信息不对称，授权的组织结构方式优于集权。授权的实现方式为将决策权配置给拥有决策所需的信息最充分的一方。授权形式可以充分利用经理人的私人信息，给组织带来灵活性产生的收益，而这种收益往往大于失去集权控制权所产生的损失（Melumand，1992 年）。

进一步细化上述集权分权的探讨，还可以看到这样的事实，当上级缺少决策所需要的私人信息，而下属恰恰掌握与决策相关的信息时，信息接收者享有控制权/决策权，信息发送者拥有与决策相关的信息，授权是有效的权力配置模式；当领导和下属都有可能拥有与决策相关的信息时，只有当部门经理的信息不如他对于决策结果的偏爱重要时，集权的权力配置方式是有效的。上述情况中还需注意的情况还包括：首先，当代理问题非常严重时，下属负责人会拒绝向上级提供信息，这时集权会失效；其次，当委托人和代理人之间的信息存在互补性时，委托人可以在授权所产生的灵活性和控制权损失之间进行权衡（Dessein，2002 年；Harris，2005 年）。

信息不对称引发的另外一个现象是组织内部的"串谋"，当组织内领导同下属的利益一致时，分权或集权对于组织效率不会产生过多影响。但两者利益存在冲突时，单项决策和多项决策时的情形会有所不同。仅就单项决策而言，即某项任务的决策相关的代理人只有一个，可以通过比较灵活性带来的收益和控制权损失之间的差异来决定控制权的分配，而在面临多项决策时，单个委托人需要面临多个代理人，由于利益存在矛盾，代理人之间就有可能出现串谋。由于组织中委托人和代理人的实际情形千差万别，学者对于不同情况的串谋进行了大量的模型分析，尽管研究结果不同，但就几种主要的串谋状况下的权力配置方式，提出了建议。

对于串谋的描述，多数模型都建立在一个委托人两个代理人的情形上，不同之处在于委托人和代理人的各自的信息掌握以及代理人之间的串谋方式。研究表明，当委托人只能够获得代理人的最终成果信息，两个代理人中，一个掌握公共信息，另外一个掌握私人信息，串谋收益同人物结果相关且可以在代理人之间相互转移时，分权是串谋情形下有效的权力配置方式，分权可以有两种方式，一种是线性的组织结构，委托人可以雇佣一个总代理人来负责整个任务的设计和生产，而他则可以再同其他代理人签订代理契约，委托人的任务考核及最终核算只针对总代理人；另一种为三角的组织结构形式，委托人同时向两个代理人签订契约，并允许代理人之间相互签订契约（Baliga，1998 年）。

不同的串谋情形有不一致的观点，当两个代理人中，一个为监督角色，另外一个为生产角色，后者拥有私人生产信息，而前者为风险规避型，可以观察到生产角色的某些信息，委托人观测不到代理人的情况。在这种情况下，研究表明，集权和分权的组织结构就产出而言是一致的，集权有利于委托人同代理人分别签订契约，而分权则可以有效地防范集权组织结构下的串谋可能性（Faure，2003 年）。此外，与不存在监督时的情况相比，授权给监督人并不会提高委托人的收益，多数情况下，反而会减少委托人的收益。原因在于，现行的分权结构中过多的代理环节会损耗收益，随着监督人的引进，总体社会福利水平有可能会下降。

Mookherjee（2004 年）进一步对代理人的类型和委托人的授权方式进行了分析，依旧针对一个委托人和两个代理人的情形，新的假设包括：任务完成过程中存在逆向选择，委托人和其中一个代理人签订契约，称之为中介代理人，中介代理人同另外一个代理人之间的关系不同，分权的控制权配置方式所产生的效果也有所不同。当两个代理人之间为竞争性关系，上述授权方式不利于委托人的利益，而当代理人之间是互补关系时，上述授权方式对委托人更为有益。因此，分权并不始终都是防范代理人串谋的最有效的手段，需要有特定的条件。

可以看到，不同的串谋情形中，委托人与代理人以及代理人相互之间的信息结构不同，导致了不同的研究结果，控制权的配置需要充分考察组织中的信息结构，在此基础上再决定合理的组织结构形式。

2.4.2.3 信息的处理方式对控制权配置的影响

除去信息结构，信息的处理方式也会对控制权的配置产生影响。组织内存在着特定的知识，对于这些知识的处理，例如包括数据分析、信息交流等工作，需要耗费时间与资源，尤其是对隐性知识的分析处理，需要花费更多的成本。组织的信息处理效率可以用信息处理者的数量以及信息接收和决策执行之间的延迟时间来衡量。而对于如何进行控制权的配置，以提高信息的处理效率，有学者也进行了大量的研究。由于组织中通讯成本存在的原因之一是代理人需要时间来吸收来自发送方的新信息，个人处理信息能力的有限性决定了需要多人合作，对代理人而言，可以通过分权，让特定的人来处理特定的信息，通过合作提高效率（Bolton，1994 年）。组织中的信息处理工作本质上是组织中的分权合作，这种分权合作有利有弊。分散的信息处理会增加管理协调成本，但可以减少信息处理的延迟，加快决策速度。因此，在个体信息处理能力有限的前提下，当组织决策信息量较大且复杂时，考虑信息处理的成本和效率，分权的组织结构更为有效。进一步讲，在具体的授权上，领导和下属可以分别处理不同类型的信息，分别享有不同层次上的控制权，例如：领导对组织中的重大决策负责，下属则对局部事项负责。

合理的控制权配置能够保证组织决策的有效性，也是组织结构设计的重要方面。从已有的研究成果看，对于集权还是分权两种基本控制权配置方式的有效性还没有定论，但从已有的讨论方式和模型假设可以看到，全面的分析特定组织的权力配置的单元特点，以及单元之间的沟通合作形式，是决定权力配置方式最基础的工作。

2.4.3 管理权的形式

传统的管理控制系统是建立在刻板的规则和严密的监控基础上的，越来越多的企业发现，在高度不确定性和快速变化的环境下，无论是集权的行政控制机制还是分权的市场控制机制，都不能高效地解决企业的运作问题（Richard Leifer，1996 年）。研究表明，与行政式机构的层级控制以及市场机制的事业部形式相比，以企业文化为主要手段的团队控制对组织整体的控制不但更为有力，也更加全面（R. B. James，1993 年）。团队式控制方式的实现不是通过上一层级的指示命令，也不是通过单纯的利润指标，而是将企业当做一个充满合作精神的团队，通过对下一层级的充分授权和调动其主观能动性，进而激发组织内部的自我约束和文化的力量来控制组织各部分的行为。

　　而近年来，针对集团、母子公司性质的大型企业中的文化控制问题更成为热点。集团母子公司中的文化控制，主要是指母公司向子公司输出企业文化的一种非正式、内隐的控制方式（Jaeger，1983 年）。通过反复宣传指导员工日常行为的价值观，利用集团的愿景、共同信念来管理控制子公司，以处理行为控制和结果控制达不到的目的（Efferin，2007 年）。

　　基于文化的控制是一种非正式的控制机制，当组织内具有较为浓厚的企业文化背景时，员工对组织目标会有高度的认同感和承诺意识，文化对行为的控制就更容易实现。当组织面临较高的模糊性和不确定性时，文化控制方式能够非常好的在组织内部产生凝聚力，同时由于各子单元具有自主的决策积极性，就使得组织既能够统一行动，又不至丧失灵活性，因此具有重要的作用。大型的企业业务单元的活动非常复杂，加上环境变化越来越快和竞争的越来越激烈，这种新型的内控机制也越来越受到重视。同时，文化控制的跨边界能力也是此类控制方式在大型的、具有中间组织特点的组织中备受关注的另一个重要原因。文化控制能够通过跨组织职能和个人关系网络进行非正式沟通，加强信息的转移能力与跨界合作，并充分发挥共同价值观的作用实现规范控制（Welch，2006 年）。

　　综上分析可以看到，无论从理论还是实践层面，基于文化的团队控制方式对于大型钢铁企业的管控机制均具有高度的切合性，关键在于如何将这种非正式的控制方式同企业的正式控制体系相结合，使其能够融入嵌套在整体管理中发挥作用。

2.5　相关研究的评述

　　经典的组织结构研究，为后续的组织分析提供了一个基本的框架。组织结构是企业目标实现的基本支撑和保证，它包含由不同部门组成的垂直权利系统和水平协作系统，其内涵体现在职、责、权方面的有机整合。由于组织结构在企业中的基础地位和关键作用，企业所有战略意义上的变革，都必须首先从组织结构分析开始。目前，对于绝大多数具有传统组织架构的大型钢铁企业来讲，内外环境都已发生了深刻的变革。外部环境的不确定性以及兼并重组后组织内部构成的复杂化、多样化都要求企业重新思考其结构的设计逻辑。在经典的理论框架基础上，考虑企业所处的现实环境和自身条件，深度分析钢铁企业组织设计的关键要点，相关研究工作还需进一步深入。

　　交易成本理论解释了协作产生和存在的原因。协作的动因源自纠正"市场失效"和"组织失效"，是寻求节约交易成本的制度安排（Coase，1937 年；Williamson，1985 年）。从资源获取角度出发，企业生产经营需要投入内外两种资源，绩效则更取决于对外部资源的整合，尤其是某些异质的、已经固化的、不能依靠市场交易获取的一些资源（例如文化、品牌等），而协作是获取上述特征资源的特有途径（Gulati，2000 年）。高效的协作可以增加企业在价值链中的"净竞争"优势（Porte，2002 年），组织间的相互协作、共享彼此独特的能力要素及资源，能够比竞争产生更高的协作利得（王雎，2006 年）。随着信息技术的发展，企业间的协作增加了新的特征。由于所有企业均处于动态的、具有特定专业化资产的网络生产环境中，特殊的组织结构、管理哲学以及应对变革是协作的重要特征和功能（Harel，1991 年；Grant，1995 年）。

从组织结构所关注问题的发展变化中可以看到，为应对现代多变的商业环境以及组织的效率诉求，组织结构分析已由静态的、微观的任务、个体分析，扩展到动态的、宏观的关系分析；组织边界也由产权界限转向更为开放的组织环境。近期，更为紧密的协作形式受到了很大程度的关注，所探讨的协作关系不是通过一般的契约，而是通过半正式的、具有中间组织特性的复杂联合体来体现。协作方之间存在着紧密的相互依存的关系，尽管涉及更多的资产专用性，但组织的学习能力和服务质量也更高，典型的协作形式包括虚拟合作、动态联盟以及企业集团等（Dani，2006 年），上述组织机制的优势来源于跨地域的资源整合能力以及由此产生的迅捷、灵活的应变能力（Jones，1998 年）。可以看到，初期研究将更多视角放在了具有产权界限的企业之间所发生的交易和合作机制的分析，而目前，网络组织等新型组织机制已经将协作引入到更为广阔的组织类型中，尤其是在企业集团中的出现，给后续研究一个重要提示：协作机制不仅仅是解决企业之间通过合作获取"规模—灵活性"优势的途径，也可以成为大型企业内部构成单元之间协调方式设计的重要参考。以半开放的中间组织协作应对环境的变化，构造合理的组织单元间的关系，是应对快速变化的商业环境，改善组织绩效的新思路。上述基于协作的组织设计理论在分析条件以及针对问题上同大型钢铁企业面临的环境以及困局有高度的切合性，但针对性的理论论证以及实现手段方面的研究还是空白。因此，基于协作的组织设计理论在传统的大型制造业中的适用性，以及如何将其具体贯彻实现到企业的实际运行中，以解决企业规模化后的效率和灵活性问题，是本课题重点解决的问题。

3 企业协作的机理及功能

3.1 组织的横向协调机制

传统的组织要素分析中，横向协调机制没有作为单独的组织要素予以考虑，组织中的横向协调主要内含在组织的分工、工作界面的划分、流程以及近期给予较多关注的内部团队协作的分析中，更多的研究集中在正式规范的规则在多大程度上约束组织内各子单元和个体的行为，即组织的正式化程度，组织的正式化程度指在组织结构明确的前提下，内部运作流程的清晰合理的程度，例如，组织中的分工、人员间的汇报关系、信息物质的传递路径。上述流程体现了组织内各个部分之间的联结规则，从根本上决定了组织的整体效率。尽管从流程实施的基础看，其本质上依赖于纵向的权力配置设计，但分工后所形成的平行单元之间的机制是其中非常重要的内容，原因在于这一部分的设计有时需突破纵向机制的约束，以保证效率。

相关研究针对组织的正式化程度，将组织分为高正式度和低正式度两种类型：高正式程度组织的典型类型为机械式组织，主要特征包括高耸的层级结构，严格的授权及命令链，组织内部的行政约束大于非正式约束；低正式程度的组织则与有机式组织相关，体现为扁平的组织结构，分权以及灵活的沟通及应变能力。进一步分析，组织的正式化一定程度的反映了横向沟通在组织机制中所占的比重和作用。高正式化程度的机械组织结构中，单元间的横向协调较少，更多行为依赖的是上一层级的命令和授权，子单元的活动较为封闭，组织运行整体上为效率导向。而低正式度的有机结构中，组织更加依赖单元之间的密切沟通，机制中横向的协调机制比重明显重于纵向控制，组织整体运行灵活。综上，组织机制中的纵向权力配置及控制与效率相关，横向机制则同组织的灵活应变能力相关。

组织理论对于正式度的探讨集中在正式程度对组织绩效的影响上。部分研究认为，正式度具有压制性的约束力，处于高度正式组织中的子单元必须被迫服从规定（Adler 和 Borvs，1996 年），由于组织中子单元不能在决策中自行判断，即使在面临机遇或者危机时，规则也是决策的先决条件，因此高度正式的组织对绩效有负面影响。然而，也有研究表明，组织正式化对组织没有显著的消极影响，一个严格的、科学清晰的、可规范的工作规则对于组织绩效有积极的作用。可以看到，组织正式程度反映了其中子单元的决策范围和行为的自主程度，本质上体现了纵向权利的约束力度与横向协调力度之间的匹配和平衡，其对绩效影响的关键在于机制是否同组织性质和环境相匹配。

近期，网络组织的协调机制成为解决组织绩效的理论分析新视角。作为介于市场与科层组织之间的新型组织形态，网络组织是具有参与活动能力的行为主体在交换资源、传递信息过程中发生联系时而建立的各种正式和非正式关系的总和。网络组织处理事务具有"共享"和"协调"的目标以及松散、灵活的组织文化，同时，能够根据自身核心能力在价值链上定位，通过战略联合、外包等途径来灵活地获取资源，从而有效地解决传统组织"效率"与"灵活性"之间的矛盾。

3.2 网络组织协调及优势

网络组织是介于传统组织形式和市场运作模式之间的新型组织形态，通过一系列的契约（包括章程、协议、法律合同等），在网络成员（节点）间建立起联结机制与运作机制。相关研究中，由于组织之间的关系更容易构架和梳理，基于产业集群的网络组织研究在理论和实践层面均受到格外关注。产业集群网络组织的形成起源于企业间为减少市场分工后的交易成本而通过集聚形成企业网络，本质是由分工协调形成的基本型—市场演变衍生型—企业网络，分工的驱动及组织间的协调关系是集群网络组织的形成基础（纪玉俊，2010 年）。网络组织获取优势的一个重要途径是，将相互关联度较强的企业纳入到集群中，通过协同效应创造出高于资本成本的收益（谢心灵，2008 年）。网络组织的构成单元一般为产业链内部的企业，在合作和竞争中企业间通过专业化分工协作，合作以及共享营销网络等方式形成较为紧密的合作关系。此外，同产业内的企业间大多有长期的合作和深入了解，因此合作的风险相对较低，集群的效率更多依赖于协作机制的完善。集群的网络组织强调产业链的竞争优势获取，组织的成员多为具有专用性资产的合作者，而组织则通过成员企业的核心能力及在此基础上技术的扩散与分享获取优势。

网络组织的协调特点在于重复交易基础上建立起的深层次的协作。纯市场交易分析的基础为交易具有分散和临时性，所有组织间的资源交换流动都被作为单次事件予以考虑。然而在实际情况中，企业间的交易往往为多次交易，尤其当交易发生在产业链的企业间时。交易费用理论用"交易频率"来描述交易的经常性，并把它作为分析企业间合作机制选择的一个重要变量。在网络组织中，这一变量特点为：交易频次很高。

高频次的交易所产生的一个结果就是，组织内部的合作机制有较好的信息基础——多次交易有利于各方相互了解，并借此建立起网络组织必需的信任基础。更为重要的是，这种重复性的深层次合作，使交易的内容和功能发生了本质变化。纯市场交易是在约定的框架内，完成对商品、服务或其他物质要素的所有权转移功能。至于生产什么产品、生产多少、怎样生产、何时生产等经营决策以及产品的质量控制、技术要求和指标均不在交易控制的范围内，即涉及企业经营决策的内容，难以通过市场机制予以交易。而实际来看，当企业之间的重复交易达到一定频次，其交易的内容会有一些新的变化，原来一些被认为是不能进入交易而存在于科层企业中的管理、指挥、协调的内容，现在可以包含在市场交易中，即在实物交易的同时，企业间会附带有知识的让渡（喻卫斌，2009 年）。这使得组织间的市场交易带上了科层色彩，且体现了科层和市场两种交易方式的优势。

观察网络组织运行，其基本特征包括：

（1）网络组织运行的基础是信息共享。信息技术的发展给网络组织提供了良好的信息沟通平台，主体可以便利地进行相互学习和交流，实现知识、技能的共享与创新，并获得自身难以获得的资源来创造价值。

（2）主体具有一定的决策能力。能够控制主体不做出违背效率行为的约束力来自合作的利益。网络组织中，由于成员能够意识到自身行为从根本上决定了最终的集体利益，因此，通过网络获取利益是成员在网络组织中合作的诱因，也是控制其行为的内在机制。

（3）网络组织具有动态性、开放性和自学习性。在网络组织中，权威和行政命令较少，各主体的行为更多依靠自愿的原则（吴慧欣，2009 年）。

由于产业集群的网络组织更依赖构成单元的核心能力和资源禀赋，按照子单元主体之间的资源关系特点，网络内的协调手段可以划分为三种类型：契约手段、产权（行政或权威）以及信任手段。经济学角度的分析认为，发生在企业明确边界之间的交易通过契约关系完成，体现行为主体之间在相互交换中获得权力和承担义务的关系。产权关系则是在组织边界内，创造收益过程中所形成的分配关系。信任机制是指主体在长期的行为中，基于共同的价值观所形成的一种相互信任相互依赖的关系。契约和产权手段作为传统的组织间关系的二分法原则，以企业的边界作为协调方式依据，而信任则是网络组织内部特有的一种协调机制，也是网络组织能够克服传统协调方式获取竞争优势的一个重要方面。信任机制在网络组织内有效的一个前提假设为，主体认为参与网络合作能够资源共享，组织能够很好地平衡竞争合作的关系，使每个参与者都能得到最大效用，并达到个体和整体绩效的高度统一。

由此可以看到，网络组织协调优势的来源在于，首先，完成产业链任务要求资源间的联系紧密，体现在各节点企业间的分工本质上是以企业之间的相互依赖为基础，这极大增强了企业间自觉自愿协调配合的可能性；其次，网络中各成员间的协调，既不是完全依靠产权内科层的组织的方式，也不是仅仅依赖传统市场模型中的价格机制，而主要以声誉、承诺和信任作为基础。这大大降低了由于规模所带来的科层组织运行成本以及频繁的市场机制所产生的交易成本，保证成员决策自主、灵活的同时，增加了网络的柔性。

3.3　网络组织协调机制应用的合理性分析

组织内部高效的信息沟通能够保证在任何情况下，组织内各个部分的行为保持合理。单纯的纵向设计很难做到信息的覆盖面与准确率，一方面，无论规则如何详尽，不能包罗组织所面临的所有复杂局面，这是纵向设计本身具有约束性的特点所致；另外一方面，依赖纵向设计的机制，能够保证组织的纪律以及由此所带来的效率，例如，完整正式的规章制度能够明确衡量各子单元的行为，保证子单元能够在标准规定的范围内完成任务。然而，只在规则范围内的活动，有时会带来各单元对其他单元以及组织整体的漠视，从而影响内部的协调配合。良好的组织绩效源于组织对自身资源业务特征深刻理解基础上，横纵两个方向协调控制机制的合理匹配。

从运行特征看，网络组织通过对价值链关系的重新设计和整合使得节点企业获取优势，因而，任何产业中都可以存在网络组织。产业内部都有商品从生产到运输、销售再到顾客消费的产业价值链，纵向的产业网络体现了嵌入到这种链式结构中的制造商、运输商、批发商、零售商等之间进行产品和服务的交换以及产品的增值过程。而在每一个纵向链环之上的企业都会通过竞争和合作的行为来促使产业网络的横向发展。所以无论产品、发展阶段等诸多因素有何差异，任何一个产业内部都有可能逐渐由行为主体之间的互动而形成一个紧密联系的产业网络，即使这些网络在成熟度、紧密度等方面存在差异（张丹宁，2008年）。

观察规模扩张后的超大型钢铁企业运营，可以发现，当企业达到一定规模后，其本身运营中具有的组织特性开始向产业层面特性转化，呈现出理论上的中间组织特征。具体到实际的钢铁企业运营可以发现，上述特性的转化体现在：规模化的单个组织涵盖了产业链的全部或绝大多数的环节，多数大型钢铁企业包括了从矿业、炼铁、炼钢、钢材制品、深加工产品到销售等子单元；从企业的构成看，原来分散在产业链条的制造商、运输商、批发商、零售商等均被纳入到单个企业内部，且多数企业在合并重组前，就有频繁的合作，相互之间了解程度较高。

自20世纪90年代以来，我国钢铁企业联合重组步伐全面加快。但联合仅仅是重组的开始，行业中存在联合后实质性重组不能有效推进的现象，也无法真正发挥重组后才可能寻求到的规模优势。企业竞争力的提升必须对组织内资产、资源进行实质性、战略性的重组、优化、整合，其本质为企业内产业链条各环节单元间关系的重构、优化、整合。规模扩大后的钢铁企业本身具有了产业集群特性，而网络组织又以其灵活应变的协调方式很好的平衡企业间的竞争合作，并使得组织内企业获取效率，从这点看，规模化后的钢铁企业同网络组织在运行环境以及企业诉求上均具有一致性，产业集群网络组织内部的协调运营机制值得参考。

4 大型钢铁企业组织结构现状及效率

产业变革使钢铁企业必须选择进入新的大型组织系统（规模化后的大型企业），显然，新构成的规模企业与以往大型企业有着很大的不同，尽管多数钢铁企业依旧采用职能和事业部等传统的组织形式，但子单元的性质已经完全不同于传统科层的组织部件，其独立性更强，运行上也有一定的边界性。规模对组织结构的影响已经不仅仅体现在"量"的层面，由于边界的拓展，新的组织特性发生了一定程度的"质"变，单纯地从微观管理视角入手，不足以理清大型复杂系统的各种关系，因此，对规模钢铁企业的组织分析需有更为合理的视角。理论研究的演化趋势可以发现，结合管理学与经济学视角，借鉴中间组织理论的研究成果，从中观层面探讨企业中子单元之间及同总部的边界，是可行的一个观察角度。

4.1 大型钢铁企业组织发展的历史沿革

作为大型支柱产业，钢铁企业的组织变革与发展同国家对于大型企业的整体调整密切相关。伴随国民经济的高速增长，大型钢铁企业在组织结构发展上也经历了若干次重大变革，在规模、管理及组织结构优化方面均实现了跨越式的发展。

在计划经济时期，为了大规模进行经济建设的需要，国家对大型国有企业进行了"公司制"的改革实践。其中，鞍山钢铁公司、武汉钢铁公司、包头钢铁公司等就是在这一时期所建立。在当时的条件下，"公司"对提高我国的工业管理水平、推动经济的发展起到了一定的促进作用，钢铁企业管理在借鉴苏联管理模式基础上，逐步发展形成了具有计划经济特色的管理方式。从借鉴苏联"一长制"管理为核心的马钢宪法，到以"两参一改三结合"为主要内容的鞍钢宪法，钢铁企业把人的因素与技术工作和管理工作结合起来，立足技术革新为突破口，促进了当时我国钢铁企业管理水平的提高。然而，在高度集权的计划管理体制下运作的这些公司，并不是真正企业性质的经济组织，而是一种行政性的经济管理机构。（朱敏，1988 年；宋炳方，1999 年）。随着产量及需求效率压力的不断增加，钢铁企业组织变革的要求同制度约束之间的矛盾开始凸显。

改革开放以后，我国的企业横向经济联合得到了很大发展，在此基础上逐步产生了企业集团。回顾这一发展历程，大型企业的组织形态大致经历了以下几个发展阶段：

（1）工业生产联合公司。我国的工业生产联合化主要是从组织企业性公司开始的。1979 年后，在全国各地按照专业化协作和经济合理原则，广泛进行工业改组和调整工业企业的试点，组建了一批公司、总厂和联合组织。但由于按照条条块块管理工业的方式没有改变，使工业的改组、联合难以协调。相当多的公司是"翻牌公司"，其行政管理职能并未改变，客观上在国家与企业之间新增加了一个层次，反而加剧了政企不分的倾向。

（2）松散的生产经营联合体。20 世纪 70 年代末至 80 年代中期，发展企业横向经济联合阶段。这一阶段，中央提出了在不改变所有制形式、不改变隶属关系、不改变财政体制的条件下，企业有权参与或组织跨部门、跨地区的联合经营，有权择优选点、组织生产协作或扩散产品。这些政策促进了各种联营、合营企业和各种经济联合体的蓬勃发展。许多企业在生产、销售和技术等横向联合中，创造了多种有效的联合方式。

（3）企业集团。20 世纪 80 年代中期至 90 年代初，企业集团逐步兴起阶段。经过前一阶段企业横向联合的实践，人们认识到横向经济联合是加速经济发展和提高经济效益的有效途径，同时也看到松散的生产经营联合体存在着许多自身难以克服的内在矛盾。主要是松散联合难以形成和实现总体发展战略和规模经济；难以实现具有权威性的统一经营管理，无法对生产要素进行优化组合。这一阶段，中央明确提出要利用企业兼并、控股和参股的方法，突破"三不变"，要给予企业集团比单体企业更大的自主权。这就使得企业集团在各级政府和企业的共同推动下得到迅速发展，在一定程度上突破了旧有体制的框架。

伴随大型企业集团化的发展趋势，钢铁企业在组织结构及管理模式方面也相应产生了变化。首钢的承包制成为这一时期国有企业改革的"杰作"。1979 年 5 月，首钢开始实行承包制改革，将生产任务和生产指标层层承包，用这种新的激励机制调动首钢人的积极性。此后被众多国有企业纷纷效仿，正式启动了近 20 年的以"放权让利"和"打破铁饭碗"为主旋律的国有企业改革。

20 世纪 90 年代以后，大型企业的组织模式依旧以企业集团为依据。在国家的公司化改造形势下，企业开始利用资本市场对企业进行重组。这标志着我国大型企业集团进入了一个新的发展阶段。为了正确引导与促进大型企业尽早步入健康发展的轨道，从 1991 年开始，国务院进行了重点企业集团的试点工作，在计划、财政、金融和外贸等方面给予优惠的配套政策加以支持。在国家"十五"规划中，中央提出实施"大公司、大集团战略"，鼓励发展一批有竞争力的、以产权联结为主要纽带的跨所有制、跨地区、跨行业、跨国经营的大型企业集团，使我国企业集团的发展进入了一个新的阶段。

这一时期，钢铁企业管理逐渐由行政管理为主向建立现代企业制度转变。例如，1991 年在钢材市场疲软、部分企业濒临亏损的严峻形势下，邯钢主动走向市场，深化改革，创造并推行了"模拟市场核算经营机制"。邯钢经验是适应社会主义市场经济发展的成功尝试，而后，部分企业开始向产权清晰、权责明确、政企分开、管理科学为核心的现代企业管理制度转变。

近年来，伴随着我国钢铁工业高速发展，国内钢铁产品的供求格局发生了根本性逆转；《钢铁产业发展政策》的出台标志着我国钢铁工业进入重大战略转折期，结构调整、管理水平提升、整体竞争力的增强、环境友好的实现都是大型企业组织调整必须解决的问题。

在国民经济由计划经济向社会主义市场经济转变的历程中，大型钢铁企业的管理实现了从行政管理、经验管理到科学管理的转变，企业整体运营在经济体制改革过程中得到了迅速发展。但大型企业在我国的实际运行中，还存在着许多问题。集团作为我国大型企业所采取的主要组织管理模式，很多是体制改革过程中的"短期产品"。企业管理者缺乏管理大型经营性组织的经验，缺乏对组织发展和组织未来等战略性问题的科学思考，造成了企业的不良发展。

随着市场竞争的日渐激烈，企业的生存发展问题已经不单单是中小企业面临的问题，国有大型骨干企业也不得不主动探索各种组织结构的改革方案，以应对迅速变化的市场，典型的做法包括扁平化和多维化。推行结构扁平化指合理压缩中间层，以提高信息的传递速度和决策的传达速度，以解决"大"所带来的反滞后问题；同时，许多大型企业面临着地域、产品、客户等方面的多重划分，其结构也需要在各种维度上建立联络关系，用多维组织形式解决"大"所带来的复杂协调问题，提高集团的运作效率成为学术界研究的重点。

4.2 大型钢铁企业组织结构的主要模式及特点

4.2.1 组织结构的主要模式

组织结构是指企业组织为了有效地达到企业目标而筹划建立的企业内各组成成分、上下左右间的领导与配合关系，它是结构和权力的有机结合。企业是由人、工具、劳动对象三者结合的场所，是这三个基本要素有比例、有序的组织体系（李生琦，2004 年）。

结构是否合理和科学，直接影响到组织能否高效地运转。目前，集团是大型企业组织结构的主要形式。企业集团一般由实力雄厚的大企业（母公司）为核心，通过资本运作形成母子公司关系，从而逐步形成和发展起来的。在这个过程中，企业集团的组织架构会伴随着集团的形成和发展，在母公司的组织结构基础上不断延伸和扩大。此外，由于企业集团是多个法人的联合体，其组织架构还需顾及对集团内部公司或企业的协调与控制。考察大型企业的整体组织结构及内部构成，其组织结构模式包括：U 型结构、H 型结构、M 型结构、矩阵型结构、多维立体型结构（陈樵生，2000 年；刘蓉，2000 年）。

直线职能制结构也称"一元结构"，其典型特征是：有一个庞大的总部，在专业分工下实行公司总部集权控制，按职能划分为若干职能部门，总部通过职能部门对下属经营单位（分公司、生产厂矿等）实行高度集中管理。在所有管理层次上都设有职能参谋机构，机构间职责分明。

控股公司结构中，母公司持有子公司或分公司部分或全部股份，下属各子公司具有独立的法人资格，所从事的产业一般关联度不大，从而形成相对独立的利润中心和投资中心。在这种结构中，一般设立一个精干的总部和为数不多的管理机构，主要履行与出资人有关的职权，从事资本运营和股权管理。每个子公司都是独立的法人，有很大的经营自主权，是经营生产的主体。

事业部制或多部门结构，是一种分权与集权结合式的体制。其显著特征是"集中决策、分散经营"，即战略决策与经营决策分离，在集权领导下实行分权管理，按产品、技术、销售、地域等设立半自主性的经营事业部。它是在公司规模大型化、经营领域多元化、市场竞争激烈化的条件下，出现的一种组织形式。

矩阵制是近十年来被不少公司采用的一种较为复杂的组织结构，是一种按职能划分部门和按产品或地区划分部门相结合的组织结构，其基本特点是公司业务以事业部为单位进行组织，但事业部又接受公司职能部门的指导、监督甚至授权直接指挥。

多维立体型结构也称混合型结构，是直线职能制、事业部制、矩阵制与时间、地区结合为一体的复杂的结构形态，它是以系统论观点为依据，建立起的多维立体结构。这种结构主要由三类机构组成：一是按产品等划分的事业部；二是按职能划分的专业职能机构；三是按地区划分的管理单位（通常是子公司、分公司或地区总部形式）。通过多维的立体组织结构，可以使这三方面的机构协调一致，紧密配合，为实现集团的总目标服务。

随着环境因素的不断变化，企业组织结构也处于不断创新的过程中，以减少管理层次为特点的扁平化组织结构，其中融合了流程再造、学习型组织和反应型组织的基本内核，成为探索的方向之一（许强，2001 年）。在此基础上，网络化、柔性化以及形式多样化成为组织结构的发展特征（牛琦彬，2006 年）。与传统的命令—控制型结构不同，网络结构强调对持续变化环境灵活快速的反应能力，组织结构以团队、工作小组为基本单位，节点相互间平等、非刚性的联结方式促进了全方位的信息沟通，也提高了组织对环境的应变能力和创新能力。现在许多高新技术企业均采用这种结构形式。

一系列新型组织形式得到广泛采用，标志着企业组织结构正在发生着深刻的变革。以上分类是一种理论上的归纳，现实中存在的大公司和企业集团，其组织结构的设计还需具体考虑企业的特点，以便因地制宜的设计适合自身的结构模式。

4.2.2 不同模式的组织特点

同一般类型企业相比，大型企业的组织结构在构成上更为复杂，企业中既存在总部与分部门的行政联系纽带，也存在成员单位之间的股权、产权、资金、技术等经济纽带。总体看，大型企业的组织结构呈现如下特征：

首先，规模使得企业内部的联系纽带更为复杂多样。在规模化的发展思路下，企业通过参股、控股等方式将更多企业纳入。不同的规模化方式使得企业中各单元之间的联系方式和紧密程度有所不同，企业中的协调方式更为复杂多样。

其次，企业为多层结构，各层次承担不同的组织任务。大型企业的组织结构都有较为明确的管理层级，一般而言，战略决策权会集中在总部，具体的生产运营决策则由各子单元承担。不同的决策权分配方案会影响组织的决策效率和整体运营绩效，因此，集分权设计原则是组织设计需重点考虑的方面。

此外，企业的成员单位布局分散。规模化过程中，许多兼并重组都发生在异地企业之间，这使得新的企业运作范围更大。信息技术的发展给组织的远距离协调提供了实现平台，但不能完全解决远程沟通的所有问题，同时信息技术本身会增加协调的复杂度，这些都给大型组织的协调控制机制带来了挑战。

考虑组织横向和纵向的协调控制方式，可以看到不同组织模式的内部机制各有特点（见表4－1）。

表4－1 不同组织模式的协调控制特点

组织模式 ＼ 协调控制	横　向	纵　向
职能型	专业化分工依据为任务；横向协调围绕生产环节	集权度较高；权力层次明确；依赖行政机制
控股公司	专业化分工依据为产出；横向协调较少	分权；权力掌握在子单元；行政力度较小
事业部	专业化分工依据为产出；横向协调较少	分权集权结合；决策执行权分离；行政及财务控制相结合
矩阵型	专业化分工依据任务和产出；横向协调即考虑生产环节，也考虑整体战略	分权；权力掌握在子单元；行政力度较小
多维立体型	多重部门划分依据；服从整体战略的横向协调	分权集权结合；决策执行权分离；行政及财务控制相结合
网络型	按照能力划分部门；横向协调较多且密切	高度分权；权力层级不明显；行政力度较小

直线职能组织结构的集权度较高，组织层次明确，由于纵向维度的信息路线清晰，很大程度地保证了决策的执行效率。同时，组织结构中的横向机制较为简单，更多时候横向沟通借助纵向决策通道进行。一般而言，此类结构适于大规模单一产品的企业，多数经营实体性的集团母公司在创建初期往往采取这种形式。其优点是：总部能够对整个公司的发展集中管理，对重大和核心业务进行严格控制，同时，便于对整个公司的资源进行统一配置。但是对于大型企业，过于集权的模式容易增加行政成本，造成企业资源的浪费，同时也会减低决策的准确性和及时性。

控股公司的结构中，纵向决策权很大程度下放，组织的子单元保持了较大的独立性和自由度，子单元之间的横向协调更少。上述组织设计对提高经营积极性，规避、分散企业经营风险具有积极意义。但是，由于没有设立适当的总部，子单元的高层管理人员还需对许多日常事务作出决策，影响了其职能的发挥。此外，分权的结构使得总部难以有效地控制各子单元，加上横向协调机制的缺失，阻碍了各子单元的沟通及资源共享，不能很好地发挥组织的整体优势。所以，作为企业规模迅速扩张的组织形态，H 型结构在组织发展过程中持续的时间并不长。

20 世纪 60 ~ 70 年代以来，许多大型企业都采用了事业部制。整体看，事业部制组织结构的纵向控制机制采取了集权分权相结合的形式。企业根据实际业务特点，将少部分权利放在总部。同时，事业部基本为独立运行，横向协调机制较少。事业部对经营有较大的决策权，以便对市场作出快速反应，避免上一层级的官僚主义和扯皮。同时，作为责任中心比较易于进行业绩考核和进行激励。但当事业部决策权太大时，上一层级可能无法对事业部进行有效控制，特别是事业部有过大的决策权但没有独立的民事责任，风险全部由公司来承担，会加大公司的风险。此外，由于缺少横向沟通，事业部之间可能会出现相互不必要的竞争，有些事业部之间的交易行为难以模拟市场合约，导致内部转移定价难以协调。所以，事业部制适合于业务或者地域、顾客分布广但边界相对清晰的企业（Robert，1979 年；W. Alan Randolph，1984 年）。

矩阵式的组织结构同上述 3 种结构最大的差别在于横向协调机制的强调。矩阵式结构以项目为纽带，打破了职能界限，可以高效充分的利用人才，加强各部门之间的协作和配合，并具有较强的灵活性和机动性。但由于组织关系复杂，潜伏着职权关系的混乱和冲突。由于组织中没有固定的决策权，其稳定性也相对较差。矩阵制适合于业务或者地域和顾客边界相对不太清晰、责任和激励也不需要过分清晰，但需要更多合作和协调的企业，如以研发为主，或者业务活动地域广阔的大型公司所采用（A. B. Christopher，1990 年；C. F. Robert，W. Alan Randolph，1992 年）。

多维立体型的组织结构在部门及子单元的划分上具有多重标准，组织中即强调纵向决策权的合理配置，也考虑各单元按照总体战略协调发展。适用于多产品、多行业、跨地区、跨国经营的大型、特大型公司，以便为这些公司在不同产品、不同地区、不同行业增强市场竞争力提供有力的组织保证。目前，这种结构已经为多数大型公司所采用。

4.3 大型钢铁企业组织设计要素分析

4.3.1 组织结构的关联维度分析

规模化过程以及规模扩大后的组织效率问题是大型钢铁企业面临的主要问题，在已有的组织结构分析框架基础上，以规模效率为主要线索，对相关影响因素进行进一步的分析，是组织结构优化与调整的入手点。从经典的组织结构分析维度看，影响大型钢铁企业组织效率的因素分析如下。

4.3.1.1 环境对组织效率的影响

随着分工以及由此带来组织社会化程度的增加，企业的发展更加依赖于自身同所处的环境的匹配，组织的效率也更多体现在其对外部环境变化的应对能力上。同所处的外部环境协调一致，是保证内部效率的重要条件。

组织会受到环境因素的影响，根源在于环境的不确定性。通常，变化频率和复杂程度是评价组织环境不确定性的两个维度。变化频率是指影响组织的环境因素的变化速度，用以区分组织运行在一个相对稳定还是相对动荡的环境中；复杂程度指影响组织的环境因素构成的复杂程度，包括影响因素的多少，变化情况是否可以预测等。根据上述两个维度，组织的外部环境可以划分为下述四种不同的情况（见图4-1），不同情形的外界环境要求与之相适应的企业组织形态。

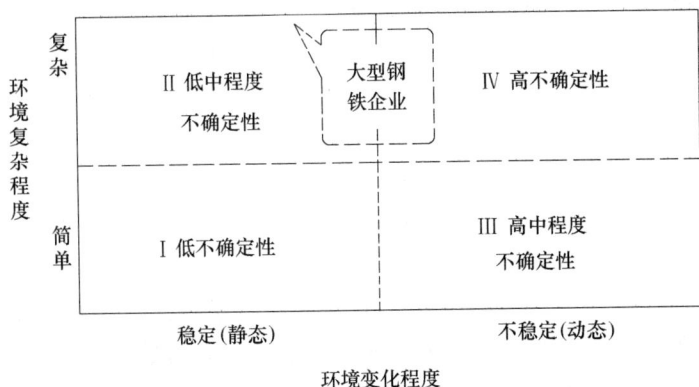

图4-1 组织的环境分析

象限Ⅰ：低不确定性——平稳而简单的环境。这种环境中，影响组织的具体因素种类较少，因素的构成较为简单。同时，变化程度也较小。这些意味着组织的实际运行中，同外部环境有较为清晰的边界，因此，可以较少的考虑外部条件，不需要将过多管理资源放在应对外部变化上。相应的组织结构可在一定程度上忽略组织与环境的互动以及组织的对外灵活性，而应将更多的关注投入到内部决策的有效性上。一般而言，与这种环境相对应的企业组织结构特点为高度集权、深度的专业化分工、垂直层次多、固定或规范的联结与信息沟通方式。这样可以保证组织的快速决策、较强的执行力以及组织整体的步调一致。

象限Ⅱ：低中程度不确定性——相对稳定而复杂的环境。这种环境中，影响组织运行的因素较多，各因素间有较大的差异性，但因素的变化程度不大。同平稳而简单的环境下组织结构具有相似性，尽管这种情况下环境因素的构成相对复杂，但由于其变化频率不高，对于这些环境因素，企业可以通过经验的积累以及建立成熟的分析决策机制予以分析和应对。因此，同这种环境相适应的组织结构特征也包括高度分工、规范稳定信息沟通和决策方式以及较多的层级。但由于环境的复杂性较强，这就使得组织需要设置多样的业务单元，同时，各单元需保持较高的工作独立性，有一定程度分权特征。

象限Ⅲ：高中程度不确定性——相对动荡而简单的环境。组织面临的环境因素较少，各环境因素间相似性较大，但是各因素的变化速度快、幅度也较大。较快的环境因素的变化对组织的应变速度提出较高的要求，意味组织结构必须保障决策与执行的速度。因此，这种情况下，组织结构的特点呈现为：专业化的程度不高、垂直层次少、联结方式与协作关系具有较高程度的灵活性，同时，决策权会较多的保留在高层。

象限Ⅳ：高不确定性——动荡而复杂的环境。这种情况下影响组织的环境因素非常多，且因素间有较大的差异性，各因素快速变化而且变化幅度很大。动荡而复杂的环境中，企业受到很强的环境影响，其运行和决策边界同外部环境非常模糊，组织结构需要更多同外部协调，组织效率的基础体现在满足协同性和灵活性两个方面。适应于上述环境的组织结构特征包括：分权、较低的专业化程度、垂直层次少、联结方式与协作的高度灵活性。

从上述分析中可以初步得出结论：

（1）随着企业外部环境不确定程度的增加，相应的组织结构需要呈现更多的有机灵活性。

（2）环境的变化对于组织结构的影响主要体现在：随着变化速度的加快，组织结构从高度分工、垂直层次多、规范固定的结合方式逐步向低分工、层次少、灵活结合方式转变。

（3）环境的复杂度对组织结构的影响则表现为：随着复杂程度的增加，组织结构从集权走向分权。实际中，大型钢铁企业的运行环境更趋近于低中程度不确定性，即相对稳定而复杂的环境，而多数钢铁企业所采用的职能—事业部的组织结构形式也反映了上述规律。

然而，值得企业注意的还包括：

（1）随着经济环境变化速度的不断加速，大型钢铁企业所处的运行环境正在发生变化，环境的不稳定程度正逐步增加。这些原则上要求企业采用更加灵活和分权的组织形式。

（2）从实际的企业组织结构看，高度分权的结构不一定总有利于企业的发展，钢铁企业业务的特点、规模以及其他的影响因素会同时对企业组织结构产生影响。

（3）无论企业处于哪种环境中，企业组织结构的调整本质上是内部要素同外部要素的互补与折中，具体组织结构的选择需要组织有更全面的考虑。目前，企业规模是钢铁企业需要考虑的重点，从环境因素看，规模扩大一定程度的将外部因素收纳到企业内部，组织结构设计需要重新对灵活度、分权集权程度进行安排，同样，影响组织的其他因素也需要纳入进行综合考虑。

4.3.1.2 组织规模对效率的影响

传统的组织规模一般是以企业内拥有成员的总人数来计量，规模对于组织结构最直接的影响体现在，随着规模的增加，组织的专业化分工程度将进一步加大，从而提高生产效率，实现规模优势；同时值得注意的是，管理层级也会相应增加，整体结构趋于复杂。组织横向纵向两个方向复杂度的增加意味着大量的协调工作，如果规模优势给企业带来的收益不能抵消协调带来的成本，规模扩大将影响组织效率。

值得注意的是，由于国家钢铁产业政策的调整，规模以上的钢铁企业是未来的发展趋势。因此，目前我国许多大型钢铁企业都处于规模扩张的阶段，这就使得规模对组织结构的影响处于动态过程中。从规模对组织的影响看，一般而言，组织规模的扩大会使最高层难以直接控制下属企业的一切活动，从而导致分权。然而从实际看，许多大型企业在规模扩张的过程中，组织结构特征中并没有出现分权，反而出现一定程度的集权特征，具体体现在总部将原料供应、产品销售等方面的决策权收回统一管理，这一现象同企业规模扩大的方式有一定的关系。企业可以通过追加投资、并购重组等方式完成规模扩张。其中，后者是目前钢铁企业扩大规模采用的主要方式。此外，钢铁企业之间的联合重组还存在的特征是，成员企业的规模和实力相当（如河北钢铁集团），这意味着在新成立的企业中，各单位的话语权也相当。在整合期内，由于新企业的控制机制尚未完善，对下属成员缺少控制的力度，如果此时还采取较高的分权结构，很容易出现失控的情况，因此，在整合期间采取适度的集权是保证整合有效进行的一个手段。随着整合的进行，企业可以视具体情况，再重新安排集权分权的配置。

4.3.1.3 技术对组织效率的影响

企业的生产技术特点会对组织结构产生影响。广义的技术可以定义为：投入产出的转化过程及使用的知识和技能。技术的特点可以从多样性和技术的结构化程度两个方面进行分析，前者指企业在生产过程中所需技术的种类；后者指技术的成熟度，即是否有可以遵循的成熟的技术规范和流程。从这两个方面看，技术特点可以划分为：技艺性、常规性、非常规性以及工程性（见图4-2）。

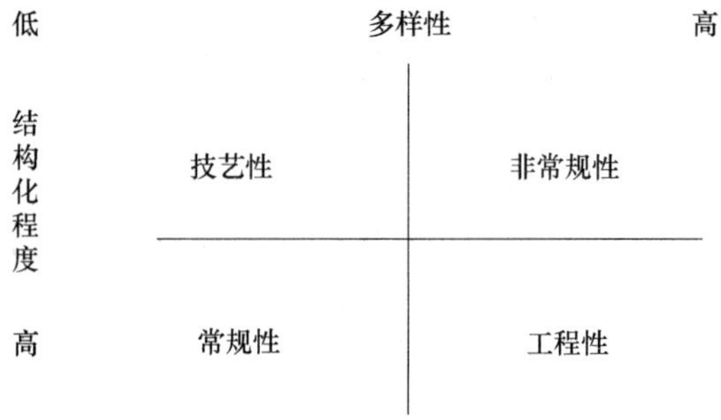

```
低                 多样性              高

结
构
化          技艺性           非常规性
程
度
─────────────────────────────────
高          常规性           工程性
```

图4-2 组织采用的技术特点分析

不同的技术特点，客观上要求有相应的组织结构予以匹配。技术的多样性反映了分工的专业化程度，多样性越强，意味着专业化的程度越高，客观上要求组织结构在水平维度上有较细致的划分，具体体现为职能部门的明确划分，纵向协调的力度大于横向协调；技术的结构化程度反映了企业所采用技术变化调整的频率，结构化的程度越低，意味着技术变化的可能性越大，相应的要求组织结构具有一定的灵活性，体现为组织结构的扁平，以及部门间协调活动的增加（见图4-3）。

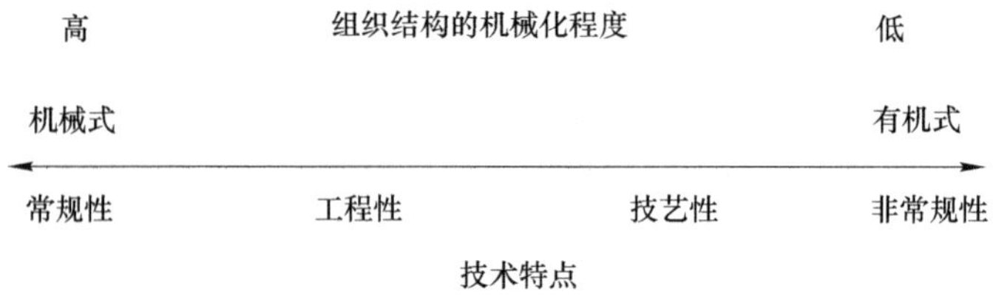

```
高           组织结构的机械化程度              低

机械式                                有机式
◄───────────────────────────────────►
常规性        工程性        技艺性       非常规性

              技术特点
```

图4-3 组织采用的技术特点与结构的关系

从钢铁主业的制造过程看，大型钢铁企业属于混合型制造企业，整个生产过程具有产品多样性、技术复杂性等特点：首先，钢铁企业的产成品具有多样性的特点。钢铁产品一般是标准化和系列化的产品，尽管原材料品种相对较少，但最终成品品种规格多达数万种。其次，工艺复杂，生产过程具有明显的阶段性。典型的钢铁工业的基本生产过程包括原材料处理、炼铁、炼钢、铸造、轧钢等工艺过程，生产工艺流程连续与离散相混合，产线长、工序多、设备复杂。从上述生产技术特点看，钢铁企业的生产技术具有结构化程度较高，技术种类较多的特点，相应的，组织结构应更偏向于传统的机械式组织结构，即以职能划分为主的科层形式。从企业实际情况看，钢铁企业的生产部门基本采用上述组织结构形式。

此外，从企业的整体运营层面看，规模扩大后钢铁企业的混业经营特征更为明显，企业中既存在钢铁主业，也存在非钢产业，且非钢产业在新成立企业中的贡献不容忽视。从这个层面看，企业经营所采用的技术更加多样化，且不同技术的结构化程度差异较大。这就要求大型钢铁企业的组织结构在保证效率前提下，还需要具备一定的灵活性。体现为总部对不同生产运营性质的分部门需考虑采用不同的组织架构形式，同时，总部给予的控制力度也应有所不同，例如对于技术结构化程度较低的一些非钢产业，应考虑较为分权的控制机制，以保证业务运营所需的灵活性。

4.3.1.4 战略对组织结构的影响

企业采用不同的经营战略，需要有相应的组织结构予以支持。经典的观点认为，成本领先战略一般对应的组织结构类型为传统的职能制，以保证低成本的效率；而差异化战略则要求组织有较好的创新能力，需要组织有较好的横向协调特性和灵活性，组织结构中呈现矩阵式以及有机组织结构的特征。

对于大型钢铁企业而言，规模扩张是目前钢铁企业基本战略的主题，战略对于结构的影响更需要从基本战略的采用这一视角进行分析。考察企业规模化的途径，绝大多数钢铁企业的兼并重组实质上是多元化与集中化战略的组合。即企业的兼并重组中，既有同业企业之间的联合（包括横向企业之间的联合以及纵向上下游企业之间的联合），也有非同业企业之间的联合（同非钢铁企业之间的联合）。上述不同联合方式的规模效率所产生的机理有所不同。大型钢铁企业采用多方位的扩张方式旨在从多种途径获取规模优势。具体分析上述扩张战略规模优势的机理，及其对组织结构的影响，可以看到：

从生产链的角度，同业企业的兼并可以体现在横向和纵向两个方向，前者规模优势产生的机理在于：专业化程度提高带来的效率和管理成本的降低。首先，同种类产品企业之间的联合，有利于生产管理技术之间的相互交流和借鉴，提高企业的技术及管理能力；此外，企业在生产协调上具有类似性，较为简单的联结方式就能够满足企业的运行，协调成本较低。同业企业横向联合重组的规模机理对组织结构的影响主要体现在，组织结构需要满足高效率，由于类似性，企业之间的协调任务相对简单，组织结构更强调层级方向的协调能力。

纵向联合规模优势产生的机理则在于：上下游之间的联合能够稳定供应关系，企业可以将所缺的外部资源纳入到内部，有利于企业掌握和控制产业链上的关键环节，从而一定程度的控制风险。因此，纵向的兼并重组则对企业间的横向协调提出较高的要求，具有上下游关系的企业之间的良好协作是规模优势的保证。然而，由于加大了协调管理成本，企业需要在组织架构和内部协调机制上进一步分析，否则当出现协调成本高于规模优势效益时，企业的整体效率会下降。

此外，当企业的兼并发生在非同业企业之间时也称为多元化战略，规模优势的产生主要为分散和规避经营风险，同时可以通过内部资金的灵活调配取长补短，提高企业的整体能力。企业兼并非同业企业后，由于新成员的业务同企业其他成员的业务差异非常大，一般情况不出现企业之间的横向协调问题。组织结构需要关注的是层级协调以及相应的控制机制。同时，多元化的层级协调重点同纵向同业企业兼并不同，由于多元化实施中，企业往往对非同业企业业务及运营情况不是非常熟悉，信息不对称容易在纵向的协调中产生委托代理成本，从而产生负面影响。然而，过强的纵向控制也不是解决上述问题的有效途径，总部对于成员单位的业务不熟悉不利于正确决策的产生，同时也容易在决策上产生延迟。因此，多元化对于企业在组织结构及控制机制上提出了较高的"平衡"问题，即控制应把握合理的程度。

从大型钢铁企业实施的规模化战略看，其对组织结构的影响非常综合，企业需要在横向和纵向两个层面设计协调机制。同时，由于不同扩张战略对企业组织结构的具体影响不同，很多情况下企业应对的方式本身会产生矛盾，如灵活性同效率的矛盾，控制力度同反应速度的矛盾。因此，机制同结构的良好配合是企业面临的重要问题。

4.3.1.5   组织结构特征对效率的影响

如前文所述，考察企业的组织结构特征一般可以从规范化程度、专业化程度、层级与管理跨度、集权化程度、职业化特征、人员比例几方面进行。从以上几个方面看，大型钢铁企业组织结构中共性特点包括：

（1）企业规范化的程度较高，多数大型国有企业都通过了 ISO9000，有健全的各项规章制度。

（2）企业的专业化程度较高。

（3）大多数企业都采用职能层级式的组织结构，同时，在层级上有减少的趋势。据中国钢铁工业协会（2009 年）对 42 家大型钢铁企业的调研表明，79%的企业实施了职能层级式组织结构；有 51%的企业从总部到生产线的层数为 3层，37%为 4 层，其余为 5 层。

（4）人员结构中，中层管理人员的比例较高，平均百分比为 40%左右，这和近年钢铁企业的规模扩张有一定的关系。

分析钢铁企业的组织结构特征可以看到，企业倾向于生产效率的保证。这一方面反映了行业生产特点，企业必须实现效率基础上的规模化生产才能符合这一行业的发展特征；另外一方面，从企业的权力配置看，规模化后企业对于决策控制权的重新安排不同程度的显示出一些集权的特征。传统的认为，规模扩张以及业务的增多，意味着组织集权程度的降低，而从钢铁企业的整体看这种趋势并不明显。尤其在供应、销售以及资金的控制上，多数企业采用了更为集权的机制。

此外，综合考虑影响企业集团组织效率的上述几个方面的因素可以看到，外界环境、组织规模、技术以及组织结构内在特征对企业组织效率产生的影响分布于局部。其中，外界环境对企业组织效率的负面影响可以在很大程度上由组织规模、技术和内部机制来加以消除；组织规模和技术特点对组织效率的负面影响也可以由内部机制优化来改善；而由于结构不合理而带来低效的内部机制则基本上无法由其他两个因素来抵消。理论上，在企业保持良好的内部管理状态下，即使外界环境动荡复杂、组织规模庞大、业务多元化，企业的组织效率依旧可以得到保障。反之，企业的组织效率都可能会是低下的。所以，大型钢铁企业的组织结构和内部控制机制的优化对企业至关重要。

4.3.2 组织结构的效率来源

上述分析表明，大型企业组织结构优势产生的机理在于，通过生产及运营要素的优化整合实现合理分工协作，从而降低运营成本，提高企业的竞争力。但随着企业规模的扩大，企业内分工加深，企业的组织费用将不断增加。企业组织结构的演进和管理控制机制的进步，在一定程度上可以有效地制约组织费用的上升。因此，大型钢铁企业在形式上获取规模后的关键工作在于合理的内部机制设计。

在企业发展历史上，一元式是层级企业多采用的组织结构，这种结构中企业内部按照专业职能划分不同部门，有助于实现制造、营销和分销活动中的规模经济，部门的独立性小。然而，随着产品品种增多和经营范围的扩展，高层管理者需要处理大量繁杂的事务，同时职能部门经理也难以把企业的全局目标作为本部门目标，容易出现职能部门的机会主义倾向。而这种机会主义行为会很大程度地削弱产业链生产中企业之间的资源互补带来的优势。

控股公司和事业部结构是当前大型企业采取的较为普遍的结构形式。控股公司结构开始出现在由横向合并形成的企业中，这种组织结构中总公司放弃了对具体经营管理的职能，更关注重大的战略决策，给予各子公司经营活动上大的独立性，控股公司只保留重大事项的决策权。事业部则行政协调中，引入了市场协调方式，部门之间的关系模拟市场上企业与企业之间的关系设计，使得高层经理人员不再卷入运营细节，专心致力于战略决策和长期计划（刘兴国，2003 年；Joseph Weber，1992 年）。事业部结构中的分部作为利润中心进行运营，部门经理专门负责职能部门的具体业务，并根据所在部门的业绩受到奖励，这就使单个部门对整个公司的贡献更容易测量。一元结构向控股公司和事业部结构的变化，体现了企业为了保证有效运行基础上减少组织费用，而将企业管理方式从集权向分权的趋势。同一元组织结构相比，新结构增加的功能包括：管理机构具有进行战略性计划和资源配置的能力；对次层部门进行监测和控制。

然而，上述结构也无法消除机会主义的产生，可能的问题和表现包括：总部无法有效评价分部门绩效，会增加组织运营成本；在这种情况下，分部门更易侵占利润。此外，可能出现分部门的经理相互庇护合谋的情况。这些问题的原因在于，组织结构缺乏一个权威的统筹机构，企业的总公司很少参与和控制子公司的具体活动，仅仅凭决策权难以协调各子公司统一活动，传统的规模企业应当分权的逻辑值得企业重新思考。

在企业实际运行中，我国不少大型国有企业均采用或借鉴了控股或事业部结构，然而从企业的绩效看，并没有因为采用同种类型的结构而取得同样的成果，大型企业的组织结构效率依然有较大的差距。此外，大企业也并非采用某种特定的组织结构，更多结构体现了各种形式结构的组合。公司形成不仅是结构的演进，也是制度不断完善和创新的过程。最佳的结构形式更依赖于企业所面临的环境，合适的结构能够在规模经济与交易成本、代理成本和信息流动之间进行有效的平衡。因此，保证企业组织结构有效还需要考虑一些其他因素，包括：

（1）技术和任务的相互依赖性，在很大程度上决定了不同单元之间需要协调的程度，也决定了在一个企业内，不同部门之间应当怎样相互联系。

（2）信息的处理方式。企业在制定决策时，须根据信息的复杂程度及重要性，设计适合的信息传递路径及方式，而企业的组织结构也需为信息的流动提供支持。

（3）分化和整合的平衡。分化指把企业分立为一些独立分工的团体，让它们承担不同的业务单元或负责不同的市场。同时，企业又需把这些相异的团体整合到一个公司或集团中。分化与整合的平衡本质上体现了组织设计中集权与分权在结构上的体现，由于企业组织结构的变迁实质上也是集权与分权度随着企业规模的变化而匹配的过程，对于大型企业而言，分化与整合的平衡对于企业的整体结构有效性，有着更为重要影响，是企业组织结构设计需要重点考虑的方面（郭声琨，2006 年）。

4.3.3　组织设计思路

任何一个企业的活动几乎都涉及内部每一个单位之间的密切互动，对于大型企业而言，由于内部各组成单位各自具有不同的资源禀赋和竞争优势，发挥上述优势是企业寻求整体能力的重要途径，这也使得大型企业连接和协调各子单元的能力成为关键。对于许多大型企业而言，尽管多数企业规模化发生在行业内，但内部包含的成员单位无论在经营范围还是在管理模式上都存在极大的差异，这就使得企业的内部协调问题更为复杂。

目前，众多产业领域日益复杂的"规模化"，要求企业内部能够合作性的分享资源、信息和知识，对于集体行动也更加重视。大型企业要获取并保持整体竞争优势，必须统一调整、整合与协调各成员单位的资源和活动，包括重新调整成员单位的资源和职能活动的分布，逐渐增强子公司之间的相互联系，加强总部对经济活动的整合能力。组织控制机制的基本框架重点反映了组织中上下层级之间的控制内容，实质上是分权与集权的均衡。如前文分析，高度集权和高度分权的控制机制各有利弊，为克服官僚制及市场制的弊端，一些企业开始思考将集权制的成本优势与分权制结构的快速反应结合起来，以便为客户提供满意的产品或服务。联邦制就从组织结构的横向协调机制出发，弥补纵向机制的不足，对于控制机制的分析和设计提供了新的思路。

协调机制是在组织内部不同单位之间实现整合的管理途径，组织内部不同单位之间在生产及管理上的差异使得协调机制成为必然。在联邦制的管理控制模式中，总部和子部门在一个统一的共享信息平台上运作，总部和子部门之间、子部门与子部门之间的横向交流比较顺畅，而且一般的决策权利分散到各个部门，能够快速响应市场需求的变化。同时，公司能够实时掌控子部门的各项经营管理活动，统筹安排和协调各个子部门之间的利益和资源，具有一定的规模经济。这种模式使整个企业内部控制结构趋于扁平化，各个实体之间能够进行充分交流，降低企业的协调成本的同时，也有利于企业整体目标的实现。

在对待组织内的横向协调方面，学者有不同的看法。结构学派（Stopford 和 Wells，1972 年）认为因为部门或者子公司之间的横向联系会增加复杂性，所以企业价值活动的科层结构应当尽量将这种联系减低到最少。而网络学派则认为，现代企业正演变为由相互联系的分支机构组成的差异化网络，而非传统的科层结构。在这种差异化网络中，必须通过建立横向联系整合子单元之间的资源和活动，以促进创新（Doz 和 Prahalad，1987 年；Hedhind，1994 年）。

在此基础上，结构学派学者进一步联系到波特配置协调模型（C－C），提出价值活动协调在一体化和回应性（I－R）模型中所能够发挥的作用。在所提出的战略图谱中，各种战略在协调程度的应用上存在很大的冲突。低程度的协调反映了企业各子单元之间相对独立，适合各子单元自身的情况而难以达成公司的总体战略。而在高度协调情况下，子单元之间相互紧密联系和依赖，但公司却会显著减弱整体优势。Bartlett(1989 年）则将 I－R 模型中战略上的这种冲突同组织结构和管理问题联系起来，认为公司的正和协调面临的关键问题是利用高度柔性的组织结构，企业达到整体优势的途径在于建立协作机制，使得公司保持效率竞争力的同时，又能够灵活回应环境所带来的差异化影响，这反映出高度协调和低度协调之间的平衡及企业内部子单元之间的准联系型关系。

企业规模化过程中的战略性整合伴随着企业内部子单元相互依赖性的增强，以及内部资源流动规模随扩张而加强。总部同各子单元以及子单元之间资源的相互依赖及内部流动是大型企业发挥协调作用的重要表现，这种协调关系的建立需要依附于企业的实体资源纽带。因此，产品、资源、信息和知识是形成相互依赖的组织关系的中心。

企业成员单位之间的相互依赖性需要多元化的协调机制。尽管大多数公司主要使用某种主要的协调与控制方式，但多元的协调机制依旧是应对差异化成员的有效方式。考虑到协调成本和协调效果，企业要根据协调需求的重要程度选取协调机制。

企业内部横向协调机制包括：

(1) 横向联系，例如团队、工作小组等。

(2) 管理者之间非正式的直接接触。

(3) 深入了解企业政策和目标，及强烈共享组织价值观和信仰在内的强组织文化的建设（Maltinez 和 Jarilfo，1989 年）。后续研究表明，大多数企业更倾向于创建有利于企业内部各成员单位之间互动的环境，建立企业整体共享的价值观和理念的机制。例如，建立社会共同体；建立人际间熟悉、亲密的关系（Rcger，1997 年；Gupta 和 Govindarajan，2000 年）。

(4) 正式的管理人员网络，安排直接联系、专门从事协调工作的联络员，或由来自各子单元的相关人员组成临时或者永久性的团队。相关研究发现管理网络通过两种不同的机制——资源分配方式的同质化和水平专业化分工，影响公司的资源状况。企业内部管理人员之间越来越多的互动导致部门之间更多的相似性。同时，管理人员网络也是用于引导部门从事专业化活动的工具。当子单元共享市场的时候，水平专业化分工和协调的过程能够实现规模经济。无论总部同成员单位的管理者沟通的程度如何，部门管理者之间关系的强度对同质化和专业化的影响都存在，这就突出了企业内部部门之间平行网络关系的重要作用（Manev，2003 年）。

此外，从组织结构角度设计也是企业实现横向协调机制的途径。矩阵结构是另一种致力于缓解高层集权协调负担的正式协调机制。该结构寻求最大程度的整体协调，但是官僚化、不灵活的缺陷非常突出，而且冲突性质多于合作。因此，为强化协调程度并减轻或者避免正式协调机制所产生的问题，企业不能仅靠总部命令的强制，而是要有意识地鼓励企业内部发展适当的非正式协调机制。

5 规模钢铁企业的组织特性 ——协作的适用性分析

新构成的规模企业与以往企业有着很大的不同，尽管多数钢铁企业依旧采用职能和事业部等传统的组织形式，但子单元的性质已经完全不同于传统科层的组织部件，其独立性更强，运行上也有一定的边界性。规模对组织结构的影响已经不仅仅体现在"量"的层面，由于边界的拓展，新的组织特性发生了一定程度的"质"变，单纯地从微观管理视角入手，不足以理清大型复杂系统的各种关系。本部分内容将借鉴中间组织协作理论的研究成果，从中观层面探讨企业中子单元之间及同总部的边界以及相应的管理协调机制。具体分析内容包括：

（1）不同规模化途径对管理协调机制的影响。并购重组是目前钢铁企业扩大规模采用的主要方式，其中，既有同业企业之间的联合（包括横向企业之间的联合以及纵向上下游企业之间的联合），也有非同业企业之间的联合（同非钢铁企业之间的联合），研究将详细分析不同联合方式的效率获取优势，及其对后续管理机制的影响。

（2）规模企业的组织特性。扩张对于成员单位的影响体现在，尽管生产上保持着较高的独立性，但实体边界已经被打破，单元间需有密切的配合协调，而仅依靠传统的科层或是目前广泛采用的事业部设计思路不能有效地解决上述实际情况下的组织效率问题。考虑到这一现实，本部分将根据中间组织理论，从微观的单元间协调配合方式深入探讨扩张后钢铁企业的属性，为后续管理协调机制的建立提供组织依据。

（3）规模企业内部单元间协调的效率边界。在以交易为单位的分析框架中，中间组织协调机制有效的选择依据为用低成本的交易完成组织任务，其本质为效率边界的划定。本部分将依据威廉姆森（1991年）提出的介于市场和科层组织之间的第三种组织形式（混合模式）为分析框架，从资产专用性、不确定性以及交易频率三个方面，分析确定大型钢铁企业内部管理协调机制的有效边界。

5.1 不同规模化途径对协调机制的影响

5.1.1 企业规模化的途径及优势机理

企业规模扩张的实现可以通过在原有基础上增加投资或是并购重组，其中，后者是目前钢铁企业扩大规模采用的主要方式。进一步观察企业具体采用的扩张战略，大型钢铁企业间的兼并重组既有同业企业之间的联合（包括横向企业之间的联合以及纵向上下游企业之间的联合），也有非同业企业之间的联合（同非钢铁企业之间的联合）（王光勇，2007 年）。上述不同联合方式的规模效率所产生的机理有所不同，企业采用多方位的扩张方式旨在从多种途径获取规模优势。

从生产链的角度，同业企业的兼并可以体现在横向和纵向两个方向，前者规模优势产生的机理在于：专业化程度提高带来的效率和管理成本的降低。首先，同种类产品企业之间的联合，有利于生产管理技术之间的相互交流和借鉴，提高企业的技术及管理能力。此外，企业在生产协调上具有类似性，较为简单的联结方式就能够满足企业的运行，协调成本较低。同业企业横向联合重组的规模机理对组织结构的影响主要体现在，由于要满足高效率以及子单元的类似性，企业的任务协调相对简单，组织结构更强调层级方向的协调能力。

纵向联合规模优势产生的机理则在于：上下游之间的联合能够稳定供应关系，企业可以将稀缺的外部资源纳入到内部，从而掌握和控制产业链上的关键环节，增强风险控制能力。因此，纵向的兼并重组对企业的横向协调提出较高的要求，具有上下游关系的企业之间的良好协作是规模优势的保证。由于加大了协调管理成本，企业需要在组织架构和内部协调机制上进一步分析，否则当出现协调成本高于规模优势效益时，企业的整体效率会下降。

此外，当企业的兼并发生在非同业企业之间时为多元化战略，规模优势的产生主要为分散和规避经营风险，同时可以通过内部资金的灵活调配取长补短，提高企业的整体能力。企业兼并非同业企业后，由于新成员的业务同企业其他成员的业务差异非常大，一般情况不出现企业之间的横向协调问题。组织结构需要关注的是层级协调以及相应的控制机制。同时，多元化的层级协调重点同纵向同业企业兼并不同，由于多元化实施中，企业往往对非同业企业业务及运营情况不是非常熟悉，信息不对称容易在纵向的协调中产生委托代理成本，从而产生负面影响。然而，过强的纵向控制也不是解决上述问题的有效途径，总部对于成员单位的业务不熟悉不利于正确决策的产生，同时也容易在决策上产生延迟。因此，多元化对于企业在组织结构机控制机制上提出了较高的"平衡"要求，控制中须把握合理的程度。

5.1.2 规模对组织结构的影响

规模对于组织结构最直接的影响体现在，随着规模的增加，组织内部专业化分工程度将进一步加大，组织内部的管理层级相应增加，整体结构趋于复杂。上述改变意味着组织横向纵向两个方向复杂度和协调工作量的增加，如果规模优势给企业带来的收益不能抵消协调成本，规模扩大将对组织效率产生负面影响。

由于国家钢铁产业政策的调整，大规模是钢铁企业未来的发展趋势。从大型钢铁企业规模化途径及对组织结构影响的初步分析可以看到，规模对组织结构的影响非常综合，企业需要在横向和纵向两个层面设计协调机制。同时，由于不同扩张战略对企业组织结构的具体影响不同，很多情况下企业的应对方式本身会产生矛盾，如灵活性同效率的矛盾，控制力度同反应速度的矛盾。因此，良好的结构设计是企业面临的重要问题。

企业采用不同的经营战略，需要有相应的组织结构予以支持。经典的观点认为，成本领先战略一般对应的组织结构类型为传统的职能制，以保证效率；而差异化战略则要求组织保障创新能力以及良好的横向协调特性和灵活性，相应的结构往往呈现矩阵式以及有机组织结构的特征。由于大型钢铁企业规模化手段包含并购、联合重组等方式，这使得扩张后钢铁企业中组织结构的类型更加多元——企业中既存在职能式、事业部式等传统的机械式组织结构形态，也有矩阵式、虚拟式等现代的有机组织结构形态。同时，各经营单位的差异还体现在物理位置、各自的经营运作方式、信息平台、管理模式以及文化等方面，上述差异对组织结构的设计产生了新的影响，对组织结构整合与分化两个方面的能力提出了更高的要求。

规模优势发挥的重要条件是企业有整体的运营架构，各子单元之间能够协调发展。因此，兼并重组后大型钢铁企业组织结构设计的核心之一是整合。组织整合本质上是一个集权的过程，通过对各方组织资源统一配置，实现政策、资金和技术优势的共享，同时减少企业成员单位之间的摩擦成本和利益矛盾，有利于顺利的组织沟通。尤其在企业的还未建立整体优势之前，为缩小成员企业之间的差异和障碍，企业需要通过集权达成整合目标。然而，从另外一方面考虑，组织整合优势体现的基础是成员单位各自的优势，而分权的组织结构利于发挥异质资源的特点，是保证整体优势的必要条件，实践中许多企业在兼并活动后采取了上述的权力分配形式。从这一角度看，整合分化的本质是组织结构集权分权的设计与平衡。

5.1.3 基于规模化特点的组织结构设计思路

规模化凸显了组织设计中集权与分权的矛盾。集权是加快整合效率的有效手段，但会以企业的应变能力和成员企业的积极性为代价。统一管理模式可以提高管理效率，但难以满足对不同类型企业的管理效果。结合钢铁企业运营环境以及已有的理论研究成果，对于上述矛盾的解决有如下思路。

首先，考虑集权分权的程度，企业在兼并重组后组织设计可以采用操作控制、战略控制以及财务控制等三种模式（蒋锡麟，2009 年）。操作控制模式是总部集权与控制程度最高的组织结构模式，组织架构的基本设计中，总部的角色是战略和决策的制订者，各成员单位是战略和决策的具体执行人。操作控制模式是实现战略实施最高水平的控制和协调，主要优势体现在能够迅速获得由规模带来的成本优势。战略控制模式的组织设计则相对分权，总部权力集中在整体战略、各战略业务单元的活动和任务的均衡以及政策、资源（特别是财务资源）在各业务单元之间的分配与协调。决策的形成是通过总部同各战略业务单元间协商达成，总部根据各战略业务单元的经营计划评估它们的经营业绩。与操作控制模式相比，财务控制模式是高度分权的组织管理模式。在该模式下，总部仅仅把自己看作是一个财务投资者，给予成员大为经营管理上很大的自主权，总部的主要任务是制订财务目标，评估各战略业务单元的经营业绩。

其次，大型钢铁企业的联合重组涉及的企业众多，在战略分析中可以看到，企业可以采用各个维度的扩张方式。不同的扩张方式针对不同类型的外部资源，其结果对后续的组织结构调整也会产生影响。考虑企业资源禀赋以及企业之间在战略上依赖性与组织独立性的不同，规模化的具体实现途径可以划分为吸收、保护、共生三种方式。其中，当企业之间的战略依存度高，组织独立自由度要求较低时，为吸收型整合战略。此类联合多发生于强弱企业之间，即大企业为追求规模效应而对同业小企业实施并购。当企业之间的战略依存度低，对独立自由度的要求相对较高时，企业一般采用保护型整合战略。特别是当新加入的成员企业在短期内并不能发展成主业的情况下，新企业可能会以新的事业部或投资中心等高度分权的形式存在。而当企业之间业务的战略依存度高，对组织运行的独立自由度亦要求较高时，企业多采用共生型联合重组。共生型联合重组多发生于强强联合，强调组织与政策的统一。按照上述分类，结合大型钢铁企业规模化战略的具体途径，可以看到两者之间具有如下关系（见表5–1）。

表5–1 规模化具体途径与兼并整合类型之间的关系

规模化具体途径		兼并整合类型
横 向	强—强联合	共生型
	强—弱联合	吸收型
纵 向	强—强联合	共生型
	强—弱联合	吸收型/保护型
多元化	强—弱联合	保护型

不同的规模化实现途径本质上反映了联合重组中企业的资源特征，对后续的组织构架有重要的影响。综合考虑以上两个方面，不同的规模化实现途径与集权分权的组织结构选择需要相匹配。进一步分析可以发现：

（1）企业保护整合型战略可以更多考虑采用战略控制或财务控制等分权的组织结构形式。首先，兼并企业本身已经有较为强势的组织地位，新成员的纳入不会影响原有企业的整体性；其次，当新成员有独特的核心能力，不适于原有企业的管理运行框架时，相对分权的组织设计更有利于企业规模优势的形成。

（2）吸收型整合战略可以考虑操作控制的集权组织结构模式。由于联合发生于强弱企业之间，且弱势对强势企业的战略依赖度高，需要依靠强势企业的资源优势。同时，成员企业自身的组织独立需求不强，因此，为迅速将新企业资源纳入强势企业的生产环节，可以考虑集权的组织设计，以便保证企业能够强有力的加速对资源的配置过程，使得规模优势得以迅速发挥。

（3）共生型联合重组理论上需考虑相对集权的组织结构模式。由于联合重组发生在强强联合的模式中，企业之间的战略依赖度要求企业放弃组织的独立性，但在实际运行中，强强联合意味着各成员企业本身已经具备了明显的组织独立性。因此，协调这种独立性与统一性是整合的重点，组织结构的设计要考虑规模化的特点和所处的阶段（见表5－2）。

表5－2　规模化途径、兼并整合类型及组织结构

规模化具体途径		兼并整合类型	组织设计
横　向	强—强联合	共生型	操作控制模式/战略控制
	强—弱联合	吸收型	操作控制模式
纵　向	强—强联合	共生型	操作控制模式/战略控制
	强—弱联合	吸收型/保护型	战略控制/操作控制
多元化	强—弱联合	保护型	财务控制模式

考察企业的特点可以看到，目前我国钢铁行业正处于的并购联合阶段，而且很多的联合具有强强联合的特性，各成员单位有较为平均的组织地位。同时，现阶段企业整体优势还没有明显形成。这种情况下，整合期以及后续的一段磨合期，联合重组需要考虑各企业的组织独立惯性，采用适度分权的组织控制模式，分步骤有计划地统一各成员单位的步调。一般而言，组织规模的扩大会使最高层难以直接控制下属企业的一切活动，从而导致分权。加之成员企业的规模和实力相当，这意味着在新成立的企业中，各单位的话语权也相当。均衡对等的组织结构对于企业的全面发展有好处，然而在整合初期，由于新企业的组织架构尚未完善，对下属成员缺少控制的力度，如果分权度过高，容易出现成员企业失控，影响联合重组的效率。考虑上述实际情况，企业需针对不同业务，设计不同的集分权度，具体到大型钢铁企业可以采取的措施包括总部将原料供应，销售等方面的决策权收回统一管理，以便统筹规划。而具体的经营生产运作模式则由成员企业自主决定。

当磨合期过后，考虑到企业长期规模优势的形成，对于钢铁产品的生产制造组织结构还需考虑集权。在具体的组织机制设计中，可以采用操作控制模式，即

总部集权与控制程度最高的一种组织结构模式。总部是战略和决策的制订者，各成员单位是战略和决策的具体执行人。实现战略实施最高水平的控制和协调，迅速获得低成本优势。具体到钢铁企业，体现为成员单位在运营上由企业角色向生产车间的角色转化。

5.2   规模企业的组织特性——基于中间组织理论的重新审视

中间组织（quasi - organization）是介于企业和市场之间的一种组织联系状态，是在信息技术的支撑下，基于核心能力，建立在信用基础之上，以合作为目的，依靠价格机制和权威机制配置资源，具有相对稳定且普遍存在的一种契约安排（柴晨曦，2008 年），其本质是出于对交易成本和管理成本的节约及对市场和企业的替代（卢建新，2005 年），组织中各成员依靠契约进行连接，具有企业一体化的性质，同时各成员又存在独立性，具有市场交易的性质。

交易成本理论认为，对资源的配置可以通过企业（科层式）和市场（价格）两种机制予以实现。前者利用法定权利直接控制协调组织中行为，协调对象的任务专业化程度以及相互依赖性都较强，对象之间同时存在竞争合作的关系。其优势在于协调直接，可以为企业中明示的和默示的知识传递扩散构建平台。但当企业环境发生变化时，科层的协调方式在应对上缺乏灵活性。后者则通过价格机制的内在激励作用间接指导组织行为，协调对象具有独立性，对象之间的竞争大于合作。作为自发性的间接协调机制，市场协调具有广泛的选择机会和高度的灵活性，交易行为快速、简单。但是，价格机制传递的只是"是什么"（know what）的表象知识，而无法传递其背后的诀窍知识（know how），尤其是默示的知识，因而它无法指导复杂的、异质性的交易（杨瑞龙，2003 年）。中间组织则试图通过结合企业和市场协调机制的优点，克服市场失灵所带来的交易费用以及一体化失灵带来的组织费用，形成紧密而灵活的协调合作机制，以高效率应对环境变化。现实中的中间组织形态包括分包、战略联盟、企业集群等。

观察中间组织的运作特点可以发现：第一，从组织微观构成层面看，成员既保持着一定的独立性，多数成员具有互补的核心能力，同时，和其他成员之间保持着紧密的协同关系；第二，从组织整体看，企业纵向科层结构与横向市场结构相互渗透融合，组织协调机制比市场稳定，比科层松散；第三，从运行特征看，中间组织对信息技术平台的依赖度更高，合作中信任机制发挥关键的作用。

大型钢铁企业的规模扩张对于组织特征最本质的影响在于企业边界的变化。扩张对于企业边界的影响体现在，一方面，主体企业的实体边界不断扩大，且具有清晰的产权边界；另外一方面，这种扩张对于成员单位的边界造成侵蚀，实体边界从形式上被打破，内部单位间的边界变得模糊。尽管规模扩张期望通过改变产权边界的属性，将其他资源融入主体企业，以实现效率目标。然而如前文所述，快速多元化的扩张模式，不能在短时间内完全改变成员单位的归属感。尽管很多企业采用了全资收购或控股的方式，但其解决的只是实体边界的属性，并不能完全打破成员单位的心理及制度边界，实际中体现为，尽管在名义上形成了单一企业，但内部运作层面并没有达成真正的一体化运作。而对于成员单位而言，原有的市场边界完全向科层式转化不会一蹴而就，同时也不一定完全能够有效地协调不同属性的资源。可以看到，规模化使得成员单位组织边界呈现双重属性。同时，从主观客观两个方面看，规模化后成员单位的半市场半科层的边界有其存在的合理性，企业需要重新认识并构造边界。

进一步分析规模化后大型钢铁企业的组织及运行可以发现，企业的构成具有中间组织特性。首先，从微观构成层面看，规模化后成员单位在生产及日常运行中保持着较高的独立性，各单位可以根据自身的环境及资源特点安排生产运营活动。同时，兼并对于成员单位的资源特性有所考量，子单元之间保持着较好的资源互补性，体现在产品种类、上下游关系等方面。此外，规模扩张本身打破了成员单位原有的组织界面，原来的竞争对手、供应商与客户等关系转化为更加紧密的合作伙伴关系。其次，从企业整体看，事业部和职能制是大多数企业采用的组织结构形式（中国钢铁工业协会改革与管理工作委员会，2009 年），具有较强的科层结构特征，存在一个统一对外的企业主体。然而，由于钢铁企业的规模超出了一般意义的大型企业，在事业部和职能制的框架中，总部对成员单位以及成员单位内部及之间的协调控制手段又同传统的科层式控制有所不同。尤其在兼并整合初期，许多新并入企业在运营管理上，还保持着较高的自由度，彼此间没有严格的支配或依附关系，成员单位之间的协作与竞争都受价格机制的制约，组织中还存在着交易费用的看不见的手。最后，在运营特征方面，钢铁企业间并购整合的地域跨度较大，加上钢铁企业生产系统的特点，对于生产和管理信息系统的依赖度更高。

从上述三方面分析可以看到，大型钢铁企业在组织构成及运营特征上均同中间组织有非常高的相似度，同时考虑规模扩张对于组织边界的影响，从中间组织的视角重新分析企业的组织特征，对于后续的协调机制设计具有重要的参考意义。

5.3 规模企业协调的效率边界

在以交易为单位的分析框架中，中间组织协调机制有效的选择依据为用低成本的交易完成组织任务，其本质为效率边界的划定。威廉姆森（1991 年）提出介于市场和科层组织之间的第三种组织形式，称之为"混合模式"。上述模式的典型特征为，交易的争端的解决通过诉诸仲裁而不是法庭。可以看到，威廉姆森的混合模式和本文讨论的中间组织的分析基础具有一致性，因此，本文将借鉴威廉姆森的讨论框架，就规模企业的协调机制进行分析。

交易理论对于组织有效性探讨的基本思路为：考察交易特征，并基于此勾画组织的效率边界。其中，经典的交易特征考察维度包括资产专用性、不确定性程度以及交易重复发生的频率（威廉姆森，1989 年）。交易理论对有效性的探讨的依据为低的交易成本，而实际中影响企业效率边界的另外一个重要因素为产出，本文将企业的产出笼统界定入资源特征，并同上述经典的交易分析框架混合讨论。

5.3.1 资产专用性与效率边界

资产专用性指不牺牲生产价值的前提下，某项资产能够被配置于其他替代用途或是被替代使用者重新调配使用的程度。当针对某项具体任务时，强资产专用性会通过破坏寻求替代用途或切断组织关系，使得交易双方之间必须相互配合——尤其交易方为上下游的关系时。而当资产专用性较低时，由于交易双方能够自发地对来自外部的扰动进行有效的调整，不需要绑定于某个特定的交易，如果采用科层的组织方式，则会产生附加官僚成本，降低协调的有效性。因此，资产专用性越强，交易双方的联结程度也越紧密。

观察钢铁企业成员单位之间的交易及资产专用特性可以看到，多元化扩张使得成员具有多样化特点，交易的资产专用程度有所不同。如，处于上下游的成员间交易的资产专用性较强，而同类产品以及业务上相关性不大的成员间资产专用性较弱。因此，在设计协调机制时，需根据不同交易方的资产资源特性，做相应的设计。

5.3.2 不确定性与效率边界

不确定性会对所有的边界机制产生影响，但程度不同。由于中间组织不能像市场依靠单边或科层机制依靠权威进行直接调整，因此，不确定对中间组织的影响最大。不确定性的增加，会加大市场和科层的协调方式。然而，实际情况是，随着环境不确定程度的增加，中间组织的企业形式为越来越多的企业所接受。经典的交易理论不能有力地解释上述现况的原因在于，没有考虑到企业的能力因素。这里，能力因素可以理解为企业的一种资源禀赋，同市场与科层式相比，中间组织有其独特的能力整合特点，尤其对于有边界阻隔的知识型能力。

对于扩张后的钢铁企业，由于存在一段时间的调整期，其交易环境具有较高的不确定性。理论上讲，需更多的考虑科层的协调手段。但对于现阶段企业而言，资源整合是规模优势发挥的重要前提，而扩张后除去实体的资源，另外重要的整合对象就是企业的知识型资源。由于钢铁企业在生产管理上具有类似性，且行业发展已经进入成熟的阶段，实体资源的效率发挥已存在既定的标准，因此，经验与诀窍等知识资源在企业间的传播整合对于提升竞争力更为重要，同时考虑各成员单位的独立边界客观存在，采用中间组织的协调整合方式具有客观合理的基础。

5.3.3 交易频率与效率边界

交易频率指交易发生的重复性。交易理论强调交易的重复性与交易涉及费用之间的关系，频繁交易会带来高的交易成本，此外，交易频率与效率边界的关系还受到资产专用性及企业的资源特性等其他因素的影响，而且，很多情况下其他因素占主导地位。

在钢铁企业中，扩张突破了原有的产权边界，一体化的力量能很大程度地降低频繁交易产生的成本。在设计协调机制时，对于交易频率的考虑需在其他因素分析的基础上综合设计。例如，在资产专用性较低，且资源可以低的成本从市场上购买，无论是一次性的还是经常性的交易都可以用市场方式来组织。然而，当资源为企业所独有，那么即使是一次性的交易活动也只能通过科层方式实现。

此外，由于规模扩张后的大型钢铁企业其组织结构的内涵已经超越一般意义的大型企业，其结构包罗万象，对于协调机制的设计需考虑多维多层面的组合。基于中间组织的协调机制给企业的机制设计增添了一个视角，在实际的企业运行中，上述机制的采用同科层与市场机制并不排斥。

6 协作机制在企业中的具体实现途径

规模化使钢铁企业面临着较高的组织压力。结合我国大型钢铁企业的实际情况，企业面临的问题主要包括：组织内部协调成本、企业整体运行效率以及企业运营理念由竞争向合作的转变。基于此，本部分内容将围绕上述问题，从以下方面探讨具体解决途径：

（1）钢铁企业内部子单元特点及其间关系。合理的子单元间管理协调机制，需要对子单元本身的特性及在组织中的定位有深刻的认识。目前，关于组织间协作的研究大多基于平等关系的假设之上，而事实上，由于自身的资源条件以及在产业链上所处的位置不同，参与合作单元的能力差别具有普遍性，加上各子单元目标也同样存在不一致性，因此，不平等的权力基础上的合作在实际的组织运行中是一种常态。因此，本课题将从构成大企业的子单元之间的权力差异性分析入手，分析子单元的能力差异以及在此基础上构建的一体化/合作关系。

（2）基于协作的管理机制设计。针对企业实际，管理机制设计目标为：第一，完成分工基础上子单元之间正常顺畅的任务流程和联系；第二，通过深度合作，提高企业整体运营效率和竞争优势。对于目标1，课题将以分工为基本原则的职能组织架构，根据企业的任务技术流程，给子单元明确合理的定位。由于存在客观的分工生产标准，任务间的联结关系可以通过纵向的授权清楚的传递给各子单元，并通过正式化的规则成为子单元协调工作的依据。对于目标2，研究将考虑子单元的资源相关性及能力差异，深入分析子单元之间关系呈现出的不同特征，设计包括协调性、整合型、紧密型以及学习型等相应的管理协调机制。

6.1 企业协调机制需解决的问题

如前文所述，规模化使得钢铁企业面临着非常高的组织压力。结合我国大型钢铁企业的实际情况，企业面临的问题主要包括：组织内部协调成本、企业整体运行效率以及企业运营理念由竞争向合作的转变。

6.1.1 组织的协调成本

随着世界钢铁产业格局的不断发展变换，我国钢铁企业面临产业环境的不确定性进一步加强，由于所在地域的资源特征以及经济发展阶段，钢铁业在产业链中面临的挑战非常严峻，竞争压力不仅来自同行也包括上游的资源供应商，通过规模来提高我国钢铁业在世界产业链条的竞争能力已经成为所有钢铁企业必然的选择。而应对规模，单纯的传统科层协调机制面临前所未有的困境，表现出极大的局限性。随着组织规模的增加，内部的管理协调成本成为企业需解决的第一个问题。

一般认为，组织规模同组织的管理成本正相关。钢铁企业作为工业化时代生产的典型代表，其生产特点包括：

（1）资本资源密集型的投入，使得企业的绩效需更多的依赖大规模生产。

（2）同种产品的生产类型一致，生产以长流程，专业化分工为特征。

上述生产特点决定了，钢铁企业的经济性来源为多方位联合基础上的大规模生产。而从目前企业沿用的以科层组织结构为基础的结构形式看，在协调上还存在着一些问题。

首先，科层组织的优势在于运行效率的保证，其适应于解决分工细密性的生产需求，这点同大型钢铁企业组织结构需完成的协调任务相一致，也是多数企业选择以科层组织为基本组织形式的原因。然而，当企业规模发生扩张时，由于生产技术和内部单元间协作的复杂度增加，组织机制需要处理更多技术职能部门、管理层级及其间关系，这就使得科层结构因规模而形成巨大的组织成本。其次，如前文所述，科层式组织结构的内部协调机制以纵向为主导，组织中的横向协调的实现基本依赖于非常高的正式化程度。正式化的极端意味着组织在任何情况下，都需按章行为。而当组织面临不确定性较大的环境因素时，固定的决策和行为方式容易使组织遭受决策错误导致的机会和财务损失。更为重要的是，由于没有直接体现组织结构要素的缺陷，很多企业往往意识不到这种损失的根源在于组织结构缺乏灵活性。

6.1.2 组织的决策效率问题

规模同企业应变能力之间的矛盾，一直是组织结构设计需克服的问题。规模在提高企业生产效率的同时，往往会以应变速度作为代价，大企业在应对环境变化的能力上较小企业而言要弱。因此，大规模企业在相对稳定的经营环境中更易取得优势。传统的产业环境分析认为，钢铁企业的运营环境相对稳定，生产可以在需求预测的基础上稳步推进，企业也可以按照预定的发展方式推进企业各方面的发展，并通过规模经济和范围经济获取竞争优势。随着经济环境发展的整体加速，目前，钢铁业所面临环境的稳定度越来越低。一方面，技术进步使得企业必须有不断改进和更新自身工艺流程的能力，同时也须有能够支持新工艺流程的组织结构变革能力。另外，经济全球化以及各产业间联系的不断加深，钢铁业所面临的环境扰动因素更为广泛，许多原来的间接扰动以更快的速度影响到企业的正常经营，这要求大企业也需具有柔性和快速反应能力。

当前，影响钢铁企业决策效率的另外一个因素来自总体与个体的协同。如前文所述，许多大型钢铁企业的规模途径为同业及相关企业的兼并。为加强企业的一体化运营，多数企业选择了集权和职能式的组织架构，上述架构在一定程度上削弱子单元的独立性，以增加企业整体决策的机会，但实际中上述方式的实施存在一些问题。首先，规模化之前，各构成单位多年的独立运行历史是企业在进行整合时必须面对和考虑的客观事实，强制性的决策权回收可能会影响子单元的积极性；其次，协同优势的获取不能单纯的依赖统一命令，子单元之间良好的资源与信息分享是关键，同时，也是大规模企业柔性和创新性的来源。目前企业集权的组织架构针对总体和子单元之间的决策机制问题，但规模优势的发挥还需解决子单元之间的协同合作，并最终达成良好的整体决策效率。

6.1.3　企业经营理念的转变

很长一段时间以来，组织理论及企业经营关注的重点是如何在同对手的竞争中取得优势。中间组织协调方式的提出，从理论上突破了企业之间一分为二的关系，"企业与市场之间直接协调和自动协调的两分法使人误解为性质截然不同的两分法，它忽视了企业间合作的事实"。伴随理论视角的突破，产业格局的不断变化也使得更多企业认识到，在产业链上获取竞争力需依赖于合作。20 世纪 80 年代以来，企业的组织变革更多从内部优化转变到同外部关系的优化，对企业之间的关系也有了更为深刻的认识。企业之间不仅仅是供与求买与卖的交换，越来越多的组织接受了企业之间"相对持久的资源交流、资源流动和资源联结（Oliver,1990 年）"这一合作关系，资源、市场、创新以及制度等诸多问题，必须通过合作予以解决，企业也更愿意将自身视为组织生态系统、组织群、组织网络、组织集成或组织的一个单元、元素或组成部分（喻卫斌，2009 年）。在近年的企业实际操作中，战略联盟、网络组织都是构架在合作关系的基础之上来解决组织的竞争问题，这些都提醒企业在经营理念上需重视合作。尤其对于大型钢铁企业，其本身由众多的单元企业构成，子单元之间的合作关系对企业的整体优势构成起着非常重要的作用。

规模化后企业面临成本、效率及管理理念转变的问题。由上述分析可以看到，问题的解决需要组织结构作出相应的变革，尤其是横向合作协调机制。传统的科层组织架构在机制设计中，完全从企业内部考虑，因此更依赖行政授权。钢铁企业新的组织构成及面临的问题则需要企业不但考虑内部协调机制，还需同时借鉴企业间的横向协调机制来设计企业内的合作关系，在效率实现的同时，保证组织的柔性和协同能力。

6.2 企业子单元特点及其关系

合理的子单元间横向协调机制，需要对构成企业子单元本身的特性及在组织中的定位有深刻的认识。目前，关于组织间合作的研究大多基于平等关系构筑网络组织的假设之上，对于构成网络组织子单元之间的不平等关系和权力制约的关注较少。而事实上，由于自身的资源条件以及在产业链上所处的位置不同，网络节点之间的能力差别具有普遍性，加上各子单元目标也同样存在不一致性，因此，不平等的权力基础上的合作在实际的组织运行中是一种常态（刘文彬，2009年）。因此，从构成大企业的子单元之间的权力差异性分析入手，是设计横向协调机制的起点。

6.2.1 子单元特点——资源能力差异

能力理论从企业内部出发解释企业的本质，对于区分和理解组织间的差异有较深入的研究。企业能力理论认为，企业的核心本质在于能够产生智力资本的企业能力。能力是组织中积累性知识——特别是关于如何协调不同的生产技能和有机结合多种技术学派的知识。能力是对企业进行分析的基本单位，它存在于员工的素质、战略规划、组织规划、文化氛围之中，由于战略依赖的作用和能力对企业整体的依托，企业的任何一部分在脱离企业之后都不具有完全意义上的原有能力，因此企业的本质是具有特殊能力的知识集合体。

从能力角度观察，组织之间具有异质性。这体现在：首先，组织是历史的、逐渐成长的有机体，是在专业化生产与协作过程中知识、能力长期积累和相互作用的结果，体现了组织对不同生产过程的协调和多样化技术综合的经验；其次，作为企业的关键性因素，企业的核心能力是非竞争性的，难以模仿和替代的，是不可交易的，无法通过市场公开定价。第三，核心能力的体现形式并非资本、土地、劳动等有形资源，而是企业的知识、技术、声誉、品牌、经营管理及营销渠道等无形资源。（喻卫斌，2009年）

能力观对于组织特性的考察更强调隐形资源对组织的支撑，认为组织之间的差异主要体现在能力方面。结合组织实物资源（如原材料、土地、劳动等）考察组织之间的关系可以发现，两种资源除去形式上的不同，在组织间发生的流动形式也有所不同。能力差异以及有限性使得任何单个的组织都不具备全产业链的生产能力，组织的价值创造活动必须融入到产业链中，通过发挥比较优势同其他组织的共同经营来完成。一般来讲，实物资源在组织间的流动可以依靠市场机制的完善给予解决。而隐形资源在组织间的流动则更为复杂，由于无法定价，市场机制失灵；同时组织边界❶的客观存在，又使得行政机制也不能有效发挥作用。

---

❶ 这里的组织边界不单纯指产权边界，目前，大型钢铁企业并购后，尽管形式上为统一的企业，但在内部的子单元之间依旧存在较为明显的边界。

更为重要的是，这些缺乏获取途径的资源往往是组织需要的关键资源。

子单元之间无法忽视的能力差异，以及必须在同一产业链上共同创造价值的客观实际，使得网络组织的协调机制在实际横向协作中有非常重要的意义。

6.2.2　一体化及子单元间合作关系

对于组织能力的获取和利用可以有三种方式：市场、一体化以及中间组织协作。如前文所述，市场方式对于实体性资源的交换有效，而对于隐性能力则需要通过一体化和深度协作的方式获取。一体化形式是很多企业获取资源所采取的方式，企业通过资本纽带，对目标资源进行一体化的整合，这种方式也是目前钢铁企业获取资源能力的主要方式。一体化的资源整合方式主要是通过消除产权壁垒，增加资源的流通渠道，使原来无法通过市场或通过市场成本较高的合作方式向更为直接有效的方式转化，而一体化对于企业内部子单元之间的关系构建会产生重要影响。由于一体化的资源整合方式有强势的一面，当企业为迅速达到整合效果而采取集权程度很高的组织机制时，会忽略被整合子单元的客观独立性及横向机制的设计，结果则可能导致子单元的能力变形或沟通抵触，并影响企业的整合目标实现。

一体化作为强有力的一种资源获取方式，理论上能够很好地将外部资源转化为内部资源。但实际中，大型企业的一体化并没有完全获取期望的资源优势。一方面，当一体化的规模超出一定范围后，科层组织结构本身复杂程度提高，对资源整合力度下降。另外一方面，企业内部各子单元之间的能力共享需要更为有效的制度保障，单纯的产权壁垒的消除不能真正打破子单元之间的隐形边界，尤其当子单元之间的合作更需要在能力上相互支持时。

中间组织协作的方式则指组织间通过半市场半行政的方式进行组织之间的资源和信息交换，多见于网络组织、战略联盟等合作形式中。其优势在于，充分尊重个体灵活创新力的同时，打破组织间的产权边界，进行深度的资源能力协作（具体特点见4.3节）。在实际运行中，中间组织协作的合作方式在实施方面存在的缺陷在于，合作的基础及前提假设是合作参与者有高度的诚信和商业道德，而这点在实际的商业环境中很难满足。然而，对大型钢铁企业的构成分析可以发现，子单元间对于上述协调方式的采取具有很好的基础——企业由兼并重组的方式构成，资本纽带极大程度的为协作提供了保障。

因此，规模企业通过一体化的手段打破产权壁垒只是构建产业链优势的起点，在此基础上，借鉴网络组织的运行机制，在企业内部子单元间建立起深度协作，使得隐形能力也能够在企业中顺畅流动，才能从根本上强化企业的整体能力，而这种协作机制本身反过来也会进一步加强实体资源的有效流转和利用。

6.3　基于网络组织的横向协调机制设计

考虑企业协调机制所面临的问题以及大型企业子单元的构成特点及其关系，大型企业横向协调机制的设计目标为：第一，完成分工基础上子单元之间正常顺畅的任务流程和联系；第二，通过深度合作，构造整体企业的产业链竞争优势。以分工为基本原则的职能组织架构，可以根据企业的任务技术流程，给子单元明确合理的定位。加上正式化的设计，子单元对于自身应当承担的生产任务可以有较明确的理解。由于存在客观的分工生产标准，任务间的联结关系可以通过纵向的授权清楚的传递给各子单元，并通过正式化的规则成为子单元横向协调工作的依据。此外，横向协调机制需要作为组织的专门职能，由具体的单元予以承担；同时，由于这部分机制本质上更依赖于纵向控制设计，因此本部分更着重于目标二的实现。

6.3.1　子单元间的关系类型

促进子单元之间有效的协作是横向协调机制的重要任务，其实质任务为构造合理的子单元间关系。从实物资源特性及组织能力的差异两个维度观察，大型企业子单元之间的关系各有不同。从组织间的合作视角分析各子单元的资源特性，可以看到，资源的相关性对于组织间合作有非常重要的影响。资源的相关性主要指组织之间实物资源的相互依赖程度，一般认为沿产业链上下游相邻的组织间，资源的相关性最强，这类资源构成了企业的直接供求关系。而同不相邻的组织，以及非相关业务单元之间的资源相关性较弱。例如，具体到钢铁企业中，原材料生产供应单元同生产制造单元之间的资源相关性较强，资源相关性强从客观上导致子单元之间紧密的合作关系。

组织的能力则主要体现隐性的知识性资源，同实物资源不同，能力主要通过组织自身的管理、技术、商誉、品牌等形式体现。组织间的能力差异会影响组织合作时的地位。当能力相差较大的组织进行频繁长期合作时，能力较强的企业所拥有的知识和信息会产生溢出效应，强的组织管理能力、技术及文化会影响甚至控制能力弱的组织。这种合作关系积极地一面在于，溢出效应会从整体上改善企业的综合能力，使得企业中原来品牌、管理等方面能力较弱的子单元在合作中通过学习得到提高；而消极的一面则在于，当两个能力相当的子单元进行合作时，能力有时会成为合作障碍。由于合作方都非常接受自身已有的经营理念和模式，并会将这种理念和模式带入到合作中，当双方的能力相容时，能够达成共赢的成果，然而一旦当双方能力不相容时，则有可能由于各自都坚持自身认定的合作方式而带来合作障碍。

此外，市场交易中，如果一方拥有另外一方必需的资源和能力时，会导致不平等的合作，能力和资源强势的一方可以此为筹码在交易中获取额外利益或提出利益不对等的额外条件。上述情况在大型企业内部的情况会有所不同，尽管子单元中会存在资源和能力强势的一方，由于一体化的整体整合会减弱子单元间合作的不平等性，企业内部子单元间更容易建立信任，因此，由于实物资源和能力所导致的合作不平等的情况可以通过一体化和信任机制予以缓解。

协调机制需要考虑子单元在企业内部运营网络中的地位，同时考虑子单元的实物资源特征及能力特征，大型企业内部子单元之间的关系可以分为四种类型，如图6-1所示。

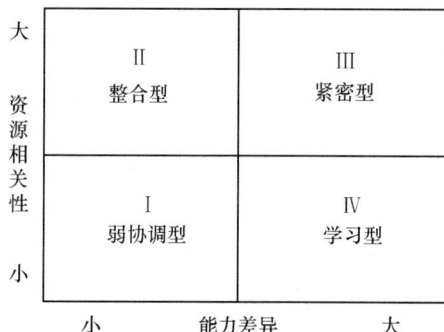

图6-1 企业子单元之间的关系类型划分

6.3.2 子单元间的协调手段

象限 I 为弱协调型的关系。合作双方的资源相关性较弱，同时能力差异也不大。企业中，对于上述类型的子单元间关系不需要投入过多，子单元的行为可以更多依赖组织正式化设计中的权利责任进行，偶然的交易可以借鉴市场方式进行，以节约协调成本。

象限 II 为整合型关系。这一类型的合作中，子单元间的资源相关性较强，而能力的差异较小。较强的资源相关性表明子单元间在生产上必须有频繁紧密的配合协调，以完成基本任务。而能力方面的相似性可能会带来如下结果：

（1）当合作的子单元在能力方面都不是非常强时，双方都不会对对方施加过多的影响。在这种情况下，合作成果的首要基础是业务流程的合理设计，企业需要根据子单元在整体生产链中的位置，从任务和技术方面加强双方的合作纽带。

（2）而当子单元都具有较强的企业能力时，双方对于各自的管理模式都有高度的认可，都希望给对方施加影响。如前文所述，当双方的管理模式相容时，子单元间自治性的合作就会具有非常积极的效果。这种情况下，企业需要更多的放权，由子单元之间自行磨合形成有效的合作机制。在此基础上，企业还可以将其中值得借鉴的模式在整个企业内推广，扩大能力外溢的范围。

（3）而当子单元之间的能力不相容时，由于合作方都不会轻易放弃自己的主张，在缺乏合适的外部干预时，很可能使合作陷入僵局，甚至影响企业其他环节的正常运行。这时，企业需要采取积极的干预整合措施，包括引导性的政策建议及沟通合作氛围的建立，并不排除根据情况通过集权的方式强制性的为双方建立沟通协商渠道，并担负起最终决策者的角色。但需要同时注意的是，干预措施的实施旨在为双方的沟通找到突破口，在子单元都具有很好能力的情况下，强制性的干预不会是维持合作的常态，在企业及子单元的共同努力下，更为高效的机制可以在合作的过程中逐步建立。

象限Ⅲ为紧密型关系。合作子单元的资源相关性较强，能力的差异也较大。这种情况下，资源的强相关性将单元间的生产联系在一起，能力的差异性对于合作的影响表现在，能力强势方有强烈的意愿来影响对方；而弱势方也愿意接受影响，这又进一步巩固了资源纽带基础上的合作，在资源和能力的双重作用下，子单元间的合作关系会非常紧密。此时，能力较强的单元会成为合作的主导方，并积极通过管理模式、技术能力的输出，提高合作的效率。例如，丰田公司同其供应商的合作就是上述情况的典型代表，为实现柔性制造，丰田会将生产理念传递给供应商，并为供应商的生产系统提供解决方案。此时，企业一方面需要积极鼓励有助于能力传递的合作，通过分权给双方宽松的合作环境；另一方面，企业需通过建立机制防范有可能出现的不平等，例如通过内部计价、监督及整体考核的设计，以防能力强的子单元在合作中不断强化自己的位势，从而阻碍共同发展。

象限Ⅳ为学习型关系。合作中资源相关性较小，而企业能力差异较大。由于资源特性，决定了在这种情况下，子单元间的直接联系较少。在这类关系中不容忽视的一个方面是，由于单元间能力有差异，且很多情况下企业能力具有通用性，不依赖于实体资源而客观存在——例如管理流程、企业文化等，单元间相互影响和能力输出的渠道是存在的。这时，企业需积极开发和利用这一通路，通过制度化的方式鼓励子单元之间相互学习，以达到整体提高的目标。

从系统的角度看，企业作为有机整体，其内部单元构成及其间的联系错综复杂，对于某个子单元而言，由于合作协调对象不唯一，因此其沟通协调的关系往往不止包含一种，而是上述四类关系的组合。企业针对性的支持机制不单单会对某种类型的合作有帮助，合理的机制相辅相成，会产生帕累托式的效应，增强企业的整体能力，并以更为经济有效的手段解决组织的内部协调和决策效率的问题。

6.3.3 协调机制的基础——信任

企业可以借鉴网络组织的协调方式，从子单元个体的资源能力角度，设计针对性的内部合作机制，改善科层组织架构中缺乏横向联系的状况，并从根本上提高企业的整体能力。由于企业的这种能力来自于合作中的相互促进和学习，无论企业采取何种方式，同网络组织机制有效的前提一致，信任的合作氛围是保证各项机制顺利实施的基础。

信任是在共同活动或者交易中，一方对另一方的基于道德原则做出道义上正确的决定与行动的预期。作为一种无形要素，信任主要通过对伙伴行为产生潜在的约束力，影响其参与合作的态度，一定程度的替代传统组织的协调与控制机制。合作方都本着"对对方的信心"与"共同应对困难的意愿"，没有一方会利用他人的弱点去获取利益。因此，具有高度信任的合作中，合作方在行为上具有高度的企业整体责任感，愿意承担风险并关心其他成员的利益。

结合大型企业的运作实际以及信任对于合作的促进机理，信任机制对于大型企业内部协调机制的作用具体体现在：

（1）信任能够降低组织的管理成本。交易理论认为，相互信任可以使交易各方的沟通更加坦诚有效，可以降低市场交易的费用；同时，可以使已达成的协议自主实施和遵守，减少外部监督，从而降低机会主义行为的监督成本。借鉴交易理论的分析思路，考察大型企业的内部合作，可以看到，一体化后，尽管子单元之间的机会主义行为的可能性会大大降低，但子单元之间的管理协调依旧存在，子单元之间的沟通需要在很多细节上达成统一。同时，大型企业中子单元作为独立利益主体这一客观事实决定了在工作中会有利益冲突和决策争端，这种情况下，无论依靠企业正式化的协调和安排还是子单元之间的沟通谈判，会产生很高的沟通管理成本。良好的信任机制会使沟通更加积极有效，对于企业的仲裁及监督机制的依赖度会降低，这直接降低了企业的组织运行成本。

（2）子单元增加对合作的贡献，进而增强企业的整体凝聚力。在企业中，很多时候存在整体产出和成员贡献间存在偏差，企业的整体成果很难完全准确的匹配到各个参与贡献的子单元。由于子单元在整体生产中的付出难以准确评价，很容易造成子单元的消极生产情绪，并体现在同其他成员的合作中。而良好的信任机制能够促进企业内部形成良好的自我监控，加大子单元对于合作的投入，并进一步优化企业的管理评价系统，使得企业和子单元将更多的精力放在战略性、创新性的工作中，同时，培育良好的企业文化增进凝聚力。

（3）增加企业的柔性和应对风险的能力。面临不确定性增加、变化迅速的商业环境，企业生存的一项重要能力就是需具有柔性和适应能力，能够根据外界条件的变化迅速调整生产。作为整体，企业应对环境的举措会涉及内部各个部分的调整，需要各部分能快速地对原来的运行方式调整，并在此基础上达成统一的决策，上述改变也内含着成本。信任可以使各子单元自觉、主动地相互配合，避免由于相互推诿造成时机延误。

作为网络组织协调中特有的一种机制，信任的重要性不单单体现在其本身的制约能力方面，还在于它对市场和行政机制具有改善和促进作用。在信任基础上的合作，可以更低的成本和更高的效率达成目标。如前分析，一体化的子单元吸纳方式很大程度降低了信任平台的构建成本，企业不需要再投入精力考察子单元是否会有违背企业利益的主观意愿，需要投入的是有意识的信任环境培育。

以往研究表明，影响建立信任机制的因素包括：

（1）生产合作的知识和经历。协作关系中对于信任的理解很大程度依赖组织已有的合作经历，以往合作中的成功经验对于后续合作会产生积极的影响。

（2）利益依赖性。合作方之间的利益依赖性越高，彼此之间的信任程度就越高，也越有利于信任机制的形成。

（3）合作方之间的相互沟通、了解程度。当合作方清楚地知道双方的合作目标、方式，能够积极的共享资源、互通信息，都会有益于信任机制的建立。

（4）防范机制。对于可能出现的责任有适度的纪律和惩罚措施，会有助于合作方主观上采取更正面和积极的行为，信任机制的形成更有赖于这样的行为环境。

结合大型钢铁企业的内部运行环境，对于信任机制的建立有以下思考。首先，大型钢铁企业的内部子单元很多由兼并重组方式产生，这就决定了它们都有不同的合作背景，而信任机制对于以往知识和经验有很高的依赖度，这需要企业从兼并重组伊始就通过培训、企业文化建设等各种积极的方式，加快成员之间相互了解，提高企业内部统一的思维和行为模式，为机制创建环境。其次，以正式制度规范和约束各成员单位的行为。大型钢铁企业子单元之间的生产合作是在同一产权界限内，企业目标使得彼此之间的利益得到了很好的统一，资源能力的相互依赖也有利于高效合作的展开，但由于大型钢铁企业的内部子单元多数也为自负盈亏的独立主体，企业内部各部分目标的差异性客观存在，出于局部考虑的机会主义行为不可避免。因此，除去企业诚信文化的培育，企业必须有合理的奖惩制度，规范所有子单元的生产协作行为。相关制度可以同企业的管理流程、沟通及绩效考核等正式规则相结合，真正使信任成为工作的基础和平台融入企业日常运行的各个部分。

7 宝钢组织结构及控制机制的案例研究

7.1 企业背景及发展历程

7.1.1 企业背景

宝钢集团有限公司成立于 1978 年，经过 30 多年发展，已成为我国现代化程度最高、最具竞争力的钢铁联合企业。从成立伊始，企业围绕钢铁供应链、技术链以及资源利用链，进行了一系列的兼并重组活动。1998 年 11 月，宝钢与上钢、梅钢实现联合重组；2006 年重组新疆八一钢厂；2008 年与广钢、韶钢重组，成立广东钢铁；2009 年 3 月，收购了宁波钢铁有限公司。2016 年，宝钢同武汉钢铁集团合并为宝武集团，大力度的资源整合使企业的整体竞争力及行业地位得到了极大提升，形成了包括钢铁主业及相关多元板块的业务结构。截至 2015 年末，宝钢员工总数超过 12 万人，遍布全球各地。《世界钢铁业指南》评定宝钢股份在世界钢铁行业的综合竞争力为前三名，是未来最具发展潜力的钢铁企业。本案例主要针对宝钢集团在 2009 年前后的组织结构调整进行分析。

宝钢坚持"一体两翼"的战略定位，通过改革、转型、创新的发展路径，聚焦于制造业、服务业、金融业、不动产四大产业板块的组合发展，努力打造具有国际竞争力的国有资本投资运营公司。在钢铁制造领域，宝钢通过实施环境经营、推进智慧制造，生产高技术含量、高附加值、绿色的钢铁精品，已形成普碳钢、不锈钢、特钢三大产品系列。这些钢铁精品通过遍布全球的营销网络，在满足国内市场需求的同时，还出口至亚非欧美的 40 多个国家和地区，广泛应用于汽车、家电、石油化工、机械制造、能源交通、金属制品、航天航空、核电、电子仪表等行业。在汽车板领域，宝钢成为世界上第一个具备第一、二和三代先进高强钢供货能力的厂商。宝钢人正以工匠的精神和创新的思维，塑造智慧型宝钢的整体形象。在当前钢铁行业整体利润下滑阶段，宝钢集团依旧在营业收入、利润总额和全部资产三方面的强综合实力排名中，在钢铁企业中排名第一，是我国最具实力的钢铁集团。在 2015～2020 年钢铁企业排名行业市场竞争力调查及投资前景预测报告中，宝钢集团名列第一。

除钢铁主业外，宝钢突出与主业关联的战略性，确定相关业务重点围绕钢铁的供应链、技术链、资源利用链展开，着力内外部资源整合，提高竞争力和行业地位。连同钢铁主业，已形成六大板块业务结构体：资源开发业、钢材延伸加工业、技术服务业、金融业、生产服务业。

此外，宝钢重视环境保护，积极进行清洁生产、发展循环经济，是中国冶金行业第一家通过 ISO14001 环境贯标认证的企业，也是中国冶金行业和上海市首家获得"国家环境友好企业"称号的企业，并先后加入"全球契约"和"世界可持续发展工商理事会"（WBCSD）。同时，企业热心社会公益事业，始终把回报社会、奉献社会作为宝钢自觉的使命和责任，设立了宝钢教育基金、"中华宝钢环境奖"基金，并积极捐资支持"希望工程"和南极长城站和昆仑站建设等。

在坚守钢铁主业的同时，宝钢积极推进钢铁生态圈服务平台的建设，实现相关产业的协同发展。聚焦于钢铁服务电商、信息化产业、矿产资源、节能环保、体验式生活服务等业务。通过产融结合发展金融业，实现产业资本和金融资本的耦合发展。通过产城结合发展不动产，实现不动产资本价值最大化。宝钢人正以二次创业的雄心和壮志，成就服务型宝钢的华丽转型。

宝钢经营业绩继续保持国内行业领先，处于全球钢铁企业前列。2016 年，宝钢连续第十三年进入美国《财富》杂志评选的世界 500 强榜单，位列第 275位，并连续当选最受赞赏的中国公司，也是中国钢铁行业唯一上榜企业。全球三大信用评级机构继续给予宝钢全球综合类钢铁企业中最高信用评级。

7.1.2 管理控制模式历史沿革

宝钢集团在宝山钢铁股份有限公司（宝钢股份，上海交易所代码 600019）成立之前，采用的是高度集中的运营管理模式，期间主要经历了两个阶段的管理体制变革。第一阶段为计划经济时期形成的以"集中一贯制"为核心的生产管理模式；第二阶段形成以财务为中心，探索走向市场的过渡性经营管理模式，实现了由生产经营型转向财务管控型的过渡。1998 年末，宝钢集团公司成立控股公司，开始探索跨越财务为中心，采取战略设计与财务管理相结合的战略管理模式。从 2003年开始，宝钢进入第四个发展阶段，管理模式开始全面转向战略设计型。

宝钢钢铁业整体上市后，随着经营规模的扩大，集团管控中逐渐显现出一些新问题，例如：由于钢铁业主要由股份公司负责管控，集团总部不直接管理钢铁业的规划和发展，造成了集团公司管理上的缺位；同时，随着规模的扩大，集团管理层次增多，管理流程不畅通，由此所产生的管理机构设置臃肿，冗员及人浮于事的问题都对企业的效率产生了负面的影响。上述问题具体体现为：

（1）组织结构臃肿，层级众多，决策流程过长。宝钢集团原有的组织架构中，主要实行的是"部制"，总经理之下共设有办公室、战略发展部、系统运营改善部、资产经营部、重大工程项目部、发展改革部、公共关系部、法律事务部、审计部、监察部、企业文化部等近20个部门，各部门下又设有若干小部门，层级众多。长期行政管理模式中所积累的系统性和结构性的问题，使得宝钢在面临发展规模经济时，遇到原有管理结构和管理能力缺陷方面所带来的瓶颈，而这也恰恰是阻碍规模优势获取的关键。

（2）规模化扩张带来了较大的财务压力，经营利润降低。由于大规模购并扩张给宝钢带来了巨大的财务成本，另外由于钢材价格上涨时期囤积了大量铁矿石，随着经济形势的下滑，钢价跳水，企业经营利润大幅下滑。宝钢股份2008年年报显示，公司全年营业收入较前年增长了4.74%，净利润则下滑了49.21%。

（3）人员管理效率低下，冗员过多。宝钢管理人员比例过高，相关调查表明，管控模式调整前，生产班组管理人员与员工比例为1:4，管理支出占整体成本比重过大。2008年经营利润大幅下滑，但是宝钢的人员支出并未有明显变化。宝钢股份年报显示，截至2007年12月31日，公司的应付职工薪酬为11.90亿元；而截至2008年12月31日，该项数据为11.71亿元，比上年下降约1925.6万元，下降幅度仅为1.6%。2007年度，宝钢股份高管薪酬总额为1550万元；2008年，高管薪酬总额则为1499.19万元，几乎没有什么变化。宝钢集团公司组织结构见图7-1。

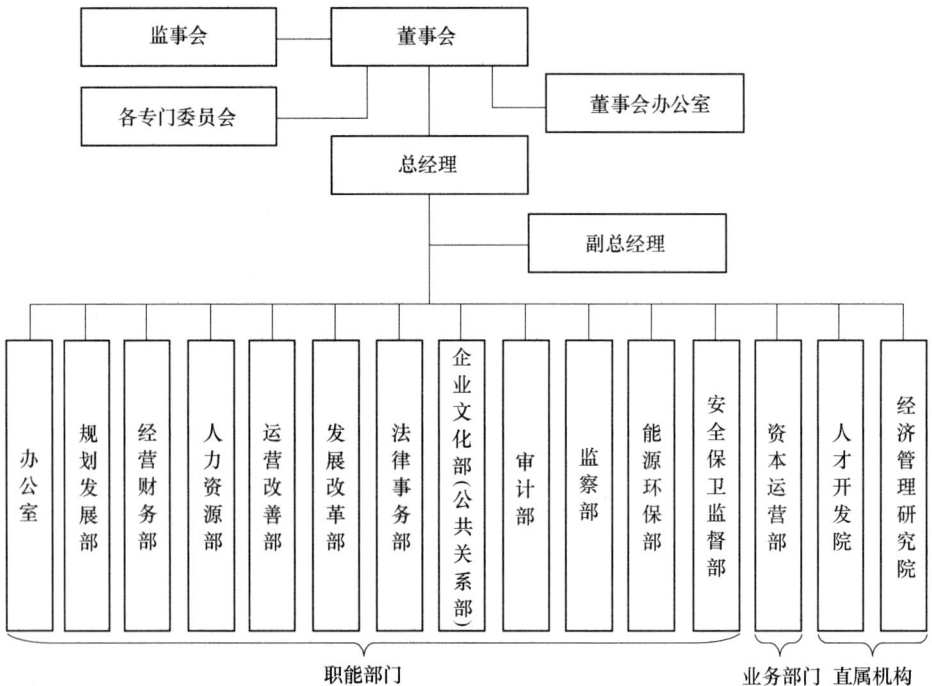

图7-1 宝钢集团公司组织结构图

除去在规模扩张后在结构、人员以及财务方面的问题，2007年以来，随着全球经济步入下行周期，中国钢铁工业发展也进入重要转折期，国际市场铁矿石原料价格波动以及国内钢材供过于求的局面客观上对企业的发展模式和管理运营效率提出了更高的要求。应对环境的考验，宝钢集团为解决长期以来形成的决策机制反应慢、周期长、执行弱等缺陷，在内部进行了一场大的机构及人事调整，新一轮组织结构和管控机制的改革与实施，标志着全新的宝钢现代管理体系的成熟发展阶段。

宝钢提出的 2007～2012 年六年发展规划的战略思想为：围绕"规模扩张"发展主线，将"精品战略"向"精品＋规模"的战略转变，将规模扩张由"新建为主"向"兼并重组与新建相结合"的扩张方式转变，提升综合竞争力，引领中国钢铁业发展，即"一条主线"、"两个转变"、"一个落脚点"。战略目标是：成为拥有自主知识产权和强大综合竞争力、备受社会尊重的、"一业特强、适度相关多元化"发展的世界一流的国际公众化公司；成为世界 500 强中的优秀企业。规划期目标是：钢铁主业综合竞争力成为全球前三强；进入世界 500 强 200 名以内。目前，宝钢进一步突出立足创新、发展精品、全力整组、提升竞争、加快多元发展，推动新一轮战略规划实施，实现跨越式发展。

7.2 管理控制模式的调整

为更好应对内外部的运营压力，加强对钢铁业实行战略控制，提高管理效率，宝钢借鉴国外相关企业的先进经验，于 2009 年 5 月 20 日始，启动了一次深刻的管理架构改革。

7.2.1 管理模式调整的主要目标及原则

宝钢此次管理架构改革的主要是目标是通过调整和清晰界定集团公司总部与分/子公司的权责界面，充分发挥集团公司在战略规划、运营管理、风险防范方面的作用，从整体上提高资本运营效率，强化分子公司的内部经营动力机制。以"依法治理，分类管理，授权经营，责权对等"为改革的四大原则，组织机制的调整主要围绕以下几个方面的工作展开：

（1）强化和完善集团公司的战略管控职能。宝钢提出在当前形势下必须加强集团公司的战略管控地位，并以此为总部最核心任务。对总部职能部门的变革目标是，真正使集团公司实施战略控制职能，总部在战略制订与贯彻、协同运作、重大风险防范等方面的主体定位和作用进一步得到明确。同时，变分公司为事业部，事业部作为利润中心，以简化企业产品对公司总利润贡献大小的评价系统，并用以指导企业发展的战略决策。

（2）减少管理层级，提高决策效率。通过精简机构和人员，使决策体系扁平化，形成新的管理机制和管理流程。宝钢集团总部在施行"大部制"后，改变以往从处长开始，层层上报的决策机制，而直接实行总监负责制。宝钢股份的三大分公司改为事业部制，使得在同一产品的事业部下，销售人员也能及时将市场需求和变化汇报给生产人员，以便对决策过程起到较好的优化作用，加快企业的决策速度。同时，根据《公司法》等法律法规的规定，完善子公司董事会、监事会设置模式和运作机制，优化重大事项申报、决策、表决、执行程序，规范行使股东权利。通过必要的整合打造产业运营平台，在此基础上，通过运营监控、绩效评价、风险管理等机制构筑有效的管控体系。

（3）缩减费用，控制成本。2009 年宝钢提出了压缩管理成本 30%的目标。通过"经营"倒逼机制，对各项费用、生产成本、人工成本进行严格控制，合理缩减。其中更重要的意图在于改变企业不适应市场的行为习惯，深挖潜力，切实提升现场成本的改善能力。同时，力图通过经营的倒逼创新机制，完善管理流程，发挥企业的灵活性和竞争力，从中进一步探索出兼并重组的管理模式和路径。

7.2.2 组织结构的调整

7.2.2.1 股份公司所属分公司改为事业部

碳钢、不锈钢和特殊钢是宝钢的三大产品系列，此前，三种产品主要分布在宝钢股份旗下的宝钢分公司、不锈钢分公司和特殊钢分公司三大分公司，而采购和销售主要由宝钢股份旗下的采购中心和销售中心负责。

宝钢此次组织机构的调整撤销三大分公司，将其改为事业部制管理，成立钢管、不锈钢和特殊钢三大事业部；另外，原宝钢分公司的薄板、厚板等碳钢品种，除了钢管之外，都纳入宝钢股份本部，也形成了相当于事业部性质的运营单位。变革后，各个品种事业部由以前的成本中心，变为利润为中心，采购、生产、销售环节都聚集在了一起，每一个产品的生产都按照成本、销售来考核利润（见图 7 - 2）。

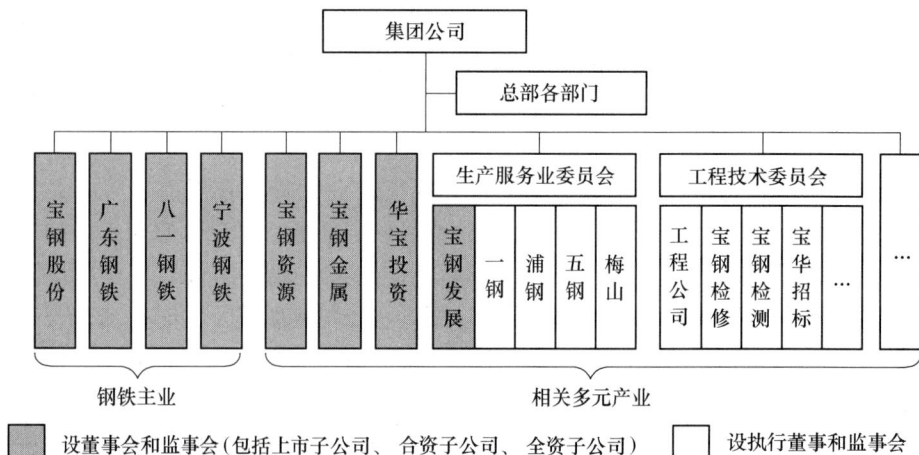

图 7 - 2 宝钢产业管理模式结构图

7.2.2.2 宝钢股份撤销宝钢分公司建制，组织结构相应调整

为进一步压缩管理层次，精简机构设置，提高宝钢股份整体运作效率，宝钢股份撤销宝钢分公司建制，由宝钢股份对宝钢分公司各项业务实行直接管理，并对宝钢股份现行组织机构作相应调整，如表7-1所示。

表7-1 宝钢股份组织机构调整表

序 号	调 整 前	调 整 后	序 号
1	宝钢股份办公室	宝钢股份办公室	1
2	宝钢分公司办公室		
3	宝钢股份人力资源部	宝钢股份人力资源部	2
4	宝钢分公司人力资源部		
5	宝钢股份系统创新部	宝钢股份运营改善部	3
6	宝钢分公司运营改善部		
7	宝钢股份企业文化部	宝钢股份企业文化部	4
8	宝钢分公司企业文化部		
9	宝钢股份财务部	宝钢股份财务部	5
10	宝钢分公司财务部		
11	宝钢股份监察部	宝钢股份监察部	6
12	宝钢分公司监察部		
13	宝钢股份安全保卫监督部	宝钢股份安全保卫部	7
14	宝钢分公司安全保卫部		
15	宝钢股份环境保护与资源利用部	宝钢股份能源环保部	8
16	宝钢分公司能源环保部		
17	宝钢分公司能源环保部	宝钢股份制造管理部	9
18	宝钢分公司设备部	宝钢股份设备部	10
19	宝钢分公司运输部	宝钢股份运输部	11
20	宝钢分公司炼铁厂	宝钢股份炼铁厂	12
21	宝钢分公司炼钢厂	宝钢股份炼钢厂	13
22	宝钢分公司条钢厂	宝钢股份条钢厂	14
23	宝钢分公司热轧厂	宝钢股份热轧厂	15
24	宝钢分公司厚板厂	宝钢股份厚板厂	16
25	宝钢分公司硅钢部	宝钢股份硅钢部	17
26	宝钢分公司冷轧厂	宝钢股份冷轧厂	18
27	宝钢分公司冷轧薄板厂	宝钢股份冷轧薄板厂	19
28	宝钢分公司钢管厂	宝钢股份钢管厂	20

序　号	调整前	调整后	序　号
29	宝钢分公司电厂	宝钢股份电厂	21
30	宝钢分公司工程管理部	宝钢股份工程管理部	22
31	宝钢分公司技改工程管理部	宝钢股份技改工程管理部	23

7.2.2.3 集团总部职能部门进行"大部制"调整

经多次修改，宝钢集团的机构"瘦身"计划逐渐确定了以"简单、速度、成本"为原则的变革方案。通过将类似公共关系部和企业文化部合并等措施，集团总部从原先的 14 个职能部门变革为 10 个职能部门，45 项职能缩减为 38 项职能，加强审计和监察职能，分离事务性工作。而部门负责人、部门副职和职能负责人也从 54 个岗位减少为 33 个岗位。

在机构改革中，宝钢诸多部门被合并或者撤销，却新建了资产交易部，以求达到决策扁平化的效果。新建的部门反映了宝钢对于新形势下整合重组，资产运营风险等方面的格外重视。宝钢集团新的管理架构还强化了宝钢的海外拓展和海外营销职能。一些部门直接实行总监负责制，改变以往从处长开始，层层上报的决策机制。同时，在调整中，很多部长、副部长和主管等管理职务被撤销，而都归为"总监"这一技术职务，未来总监将直接面向公司高管汇报。另外，多个集团的中层管理人员被安排到了下属子公司或驻外，在减少中间层级的同时，更好地发挥其实质性作用。

7.2.3 总部战略定位及组织调整

为提高集团的整体经营效率，宝钢明确将集团公司的功能定位为三大中心：

（1）资本经营中心。以资本运营作为总部的核心功能，不断捕捉资本市场的信息，进行符合投资回报目标的兼并、收购和出卖、转让。

（2）战略管理中心。总部制定整体战略，通过对策略性、全局性业务进行管控，来确保集团的发展符合整体战略，通过合理授权提高下属业务单元的运作效率。

（3）运营控制中心。总部对战略、财务、组织、人事、销售、采购、研发等领域进行全面控制，通过管理的直接介入影响子公司的发展方向。

为真正实现集团公司上述三方面的功能，宝钢采取了一系列的管控机制的调整。

（1）将钢铁业的管控权回归集团总部，加强集团发展规划的整体管理。在钢铁业建立统一的会计系统、人力资源系统、协同办公系统、审计系统。钢铁业生产的物资供应、销售由集团公司统一进行。销售中心负责价格策略拟定、市场调查、信息分析和平衡产销月度规划。以六年为制定周期（与国家的五年规划不同步），三年为调整周期，进行宝钢发展规划的编制，每年对制定的规划内容和执行情况进行评估。

（2）突出抓好重点专业职能管理。将事务性工作从专业职能管理部门中分离出去。集团总部突出抓六个方面的重要管理职能，包括：战略规划管理、预算计划管理、重大投资管理、重大融资管理、组织机构管理、人力资源管理。总部将一些事务性工作分离出来，如薪酬发放，税务报表等工作，从集团公司总部分离出来放到专门设置的服务中心，以便集中精力抓好集团的重要管控事项。

（3）内部咨询机构将工作重点放在战略管理服务上。为了能提高战略性决策成功率和加强战略管理，宝钢要求内部决策咨询机构——经济管理研究院，将产业宏观形势分析、企业投资机会和企业经营策略三大领域作为研究任务的重点。经济管理研究院院长吴东鹰说：我们院只研究那些具有不确定性的"非结构性和半结构性的需要决策的重要问题"。那些已有成规，可以按规范办的执行性问题，由执行部门去研究和制定实施办法。

（4）专业职能部门扁平化建设。集团总部设总经理、总监和高管三个层次。总部有36个总监，总监独立对集团公司专业职能管理负责，直接向集团总经理汇报。对总监工作的效果由集团总经理评价。各专业职能管理部门的工作由其所服务的对象评价。总监分为A、B、C、D、E若干等级，按等级享受薪酬和福利待遇。但当前此项改革强调的是信息流动程序，不强调待遇。通过此项改革，打破专业分块管理的思维定式，体现了以专业管理链为主导职能管理风格。通过改革，缩短了信息链，精减了30%的管理人员，精干了队伍。用宝钢人自己的话说，凡是留在总部的人员都是精英。

（5）横向协调及子单元的定位。为了使组织结构和管理流程改进动态化，宝钢在集团总部和股份公司等重要子公司都设有"运营改善部"。其主要职能是负责工作流程信息化和组织结构动态设计和调整优化管理。

宝钢实行的是"一业特强，适度相关多元"产业结构战略，非钢产业的发展以服从钢铁业发展战略为宗旨。为了发挥钢铁业经营的协同效应，宝钢曾将对钢铁业的整体管控和协调责任放在股份公司。经过此次管理架构改革，宝钢对整体钢铁业的战略管控和协调功能回归集团公司，但钢铁业的专属职能管理机构仍设在股份公司。钢铁业科技的研发也主要放在股份公司。其他子公司由于战略地位上的原因，不设技术研究中心。

同时，为了充分调动各钢铁业子公司的积极性，集团对钢铁业管控模式从原来的战略规划型转变为战略控制型。钢铁业子公司依法建立健全的法人治理结构，以利润中心的方式运营，享有受限决策权。集团对各钢铁业子公司的经营绩效评价与考核指标主要集中在销售收入、利润、安全环保和净资产收益率四个方面。对各子公司的评价和考核不同步进行。

（6）对非钢产业的管控体系。对于相关多元的非钢产业子公司，宝钢目前实行的是分类管控的模式。第一类由集团公司直接管控的战略地位较为重要的非钢产业子公司，包括宝钢资源、宝钢金属、华宝投资。第二类是由专门"委员会"进行管控的战略地位较低的非钢产业子公司。非钢产业委员会包括"生产服务业委员会"和"工程技术委员会"，委员会负责人由集团公司级领导担任，"委员会"下不设专业职能管理机构，而是借助总部职能管理部门，对非钢产业子公司进行专业职能管理。

7.3 宝钢管控模式的分析及启示

宝钢的管控模式是根据自身的发展需要和适应市场竞争而不断建设形成的，具有学习借鉴的价值，尽管企业管理的很多核心方面是不能简单复制的，但宝钢的管控模式的成功经验，可以为更多同处于规模扩张阶段的企业提供参考。

7.3.1 横向协调机制

7.3.1.1 重视业务及单元的资源特性

业务架构是集团管控模式的关键驱动因素。宝钢针对迈入新一轮发展期的管控模式要求，对蒂森、新日铁和浦项等国际知名企业，特别对国内各钢铁企业管控模式作了全面的分类分析，认定业务架构是集团管控模式选择的关键因素，从中准确地把握了自身管控模式的定位，形成了管控模式与业务（产业）发展战略间的普遍对应关系（见图7-3）。

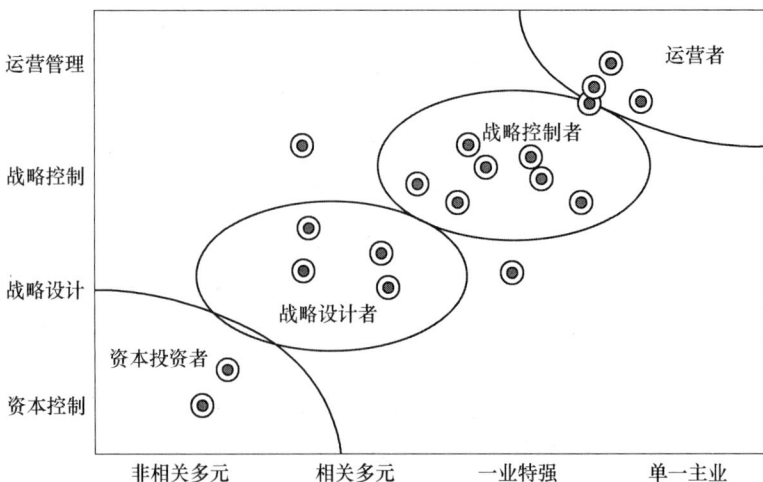

图7-3 管控模式与企业战略

随着总体发展战略由"以钢铁业为主、多业并举"转向"一业特强、适度相关多元化",宝钢在管控模式选择上实现了从高度集中的运营管理模式到战略设计型管理模式的转变。由此可见,企业管理控制的构架,需充分考虑企业的战略业务模式及其间的合理匹配。

资源特性在企业内部的重视还体现在内部子单元之间的关系设计与整合上。例如,一体化的营销供应网络是多数大型钢铁企业业务重组后面临的迫切问题,从产、供、销的环节看,企业内部的资源属性有着较强的相互依赖性,要求企业采用强制精准的管控机制予以整合。但强制并不是意味着单纯的权力集中,而是要根据具体销售单元的实际情况,根据子单元实际的能力设计合理的权力配比。宝钢总的销售分为两部分,宝钢股份集中负责股份公司内产品销售,国内销售设在股份公司的销售中心,海外销售部分统一设在宝钢国际;八钢、广钢等销售目前仍独立运行,但纳入宝钢集团计划中。宝钢股份下的销售中心负责按地域设立销售网点,各网点内设有按产品分类的销售分工。

7.3.1.2 考虑子单元的资源特征,采用多样灵活的管理模式

宝钢对分散多元的非钢产业,通过建立委员会的方式适度管控,有利于提高管理水平。从实际情况看,非钢产业在我国各钢铁企业中的战略地位有所不同,如首钢,在未来发展中,非钢产业将成为重要的企业发展点。而在更多的类似宝钢、河北钢铁集团等企业中,非钢产业所占比重不大。然而,"委员会"管理方式在我国钢铁企业中的率先使用,给更多企业的相关管理提供了新的经验。

"委员会"管理方式是宝钢针对非钢产业这一生产单元的生产资源特性而设计采用的管控方法。传统的企业中对于不同业务及子单元,尽管在具体管理方式上有所差异,但对子单元的基本管理思想相同,各子单元在企业中的权力配置方式一致。具体体现在,无论子单元在企业整体业务中的贡献重要程度是否相同,各子单元机构设置雷同,平级领导往往拥有企业同样的责任义务。宝钢的"委员会"式管理方式实质上体现了企业对于不同资源属性的子单元,采用了不同的控制管理方法,更具灵活性和务实性。实现了在一个行政企业边界内部,因地制宜地采用更合理的管理模式。而"委员会"这种相对非正式,松散的管理协调手段,也是新的组织理论在企业中实践的良好验证。新的管理方式一方面可以把总公司决策层从应激式的非钢产业管理模式中解脱出来,同时也有利于企业对非钢产业从战略高度进行统筹管控和实际推进中的资源平衡。此外,宝钢管理控制机制改革中同时体现了管理中横向协调的采用,如"运营改善部"职能的设计,极大提高了生产运营中各不同单元之间的沟通协调的效率。

7.3.2 纵向权力配置

宝钢管理架构改革中,其纵向权力配置对与总部与子单元的权责边界进行了

合理界定。改革中的两项重要实质性动作：一是将股份公司原来具有的对全集团钢铁业的规划责任与权力回归到集团总部；二是使钢铁业的子公司成为利润中心。这两项工作使集团公司与子公司之间的权责边界有了明显变化，也更为清晰。事务性职能的分离，凸显了总部战略调控和监管的职能；同时，更合理完善的考核控制机制，保证了各生产单元的积极性。

发挥集团总部优势是宝钢的基本战略定位，这要求企业中存在一个有能力、控制力的总部。从宝钢管控模式的历史沿革看，从企业规模形成后，企业就非常注重总部能力的打造，在后来的规模化过程中，强势总部的战略理念得到了一贯的推行，这就为后续总部定位的战略实施构造了较好的权力结构。为更进一步发挥规模后的整合优势，宝钢进一步明确了总部在企业整体资源配置中的作用，充分利用本身的权力配置能力，保证集团总部能更好地从资本运营的高度提高管控效率；同时，在对子单元的权力配置中，也不忽视子单元的积极性，通过绩效考核及更为细致的控制机制，尊重和保留子单元个性，很好地将集团总部在激烈市场竞争中承受的获取利润和资产保值增值的压力，传递、分散到子公司。在集团总部和子公司两个层面，高效地完成了市场竞争压力向动力的转化，增强了整个企业集团的抗逆机制。这点，在当前全球性金融危机的条件下具有更重要的意义。

目前，很多大型钢铁企业在规模扩张后，都面临着重新界定总部同子单元边界的问题。宝钢采用了战略性的、钢铁主业相关产业集权到总部的权力配置模式。在处理子单元盈利积极性的问题上，则加大对子公司利润指标的管理与考核。在权力配置上，企业对重要的资源采用了最为集权的控制方式，然而，在具体办法上，则考虑生产企业的资源特点及在权力结构中的属性地位，设计了更多基于结果的方式，以给予重点资源足够的生产自由度。

7.3.3　规模优势获取

宝钢规模优势的打造主要体现在内部管理能力及外部资源整合两个方面：

（1）当企业内外经营环境发生重要变化时，管理架构进行及时改革或调整对于保证企业后续发展至关重要。长期以来，宝钢的经营业绩和管理水平，一直处于国内钢铁业的领先地位。尽管金融危机以及钢铁产业链发生了各种不利于企业发展的情况，宝钢还总是能够依靠有意识地进行前瞻性的变革，不断根据政策环境、外部经济环境调整企业战略，对自身的管理架构进行适时调整和变革。从而保证了企业在应对各种环境因素的条件下，维持健康的发展态势。

企业要保持经营业绩上的先进性和适应性，必须不断主动创新管理模式。目前，在国家钢铁产业政策的引导下，企业内外的经营环境都发生了重要变化，许多大型钢铁企业都处于战略调整的关键时期，对于管理架构的改革须审慎和大胆的创新。在管理模式的调整过程中要充分借鉴国内外典型企业的各方面经验和教训，认真分析企业所处环境及自身的资源禀赋特征，并在此基础上抓住国家产业调整的有利条件，为企业未来的发展搭建夯实的运作平台。从宝钢的整体规模扩张方式以及后续组织架构的设计，都充分显示了企业对于各相关因素的敏感度，规模化所产生的管理问题能为企业越早意识到并采取相应的调整，就越能保证企业的未来效率。

（2）整体规模规划，重视产业链竞争优势的获取。为适应市场需求，宝钢集团于 2007 年底，整合了原产业公司、钢制品事业部、汽贸和线材制品等业务，组建设立了全资子公司"宝钢金属有限公司"，成为宝钢六大业务板块之一，以大力发展钢材延伸加工产业。其核心业务包括钢结构、金属包装、工业气体等。同时，积极发展宝钢资源（集团全资子公司）向矿产资源的主体企业方向发展。保证矿石、煤炭、合金及有色金属、不锈钢原料、废钢铁、物流等优质产品和增值服务的提供。此外，宝钢国际（股份全资子公司）能够为企业提供完善的钢材贸易和加工配送服务体系。下属的 5 家地区贸易公司、3 家专业贸易公司、30 家剪切加工配送中心遍布全国 21 个省、自治区、直辖市，具备钢材销售能力 2250 万吨以上、加工剪切能力 250 万吨、激光拼焊产能 830 万件以上。公司还适时发展了电子商务、包装钢带、货运代理等业务，宝钢有意识的产业链发展，极大地支撑了宝钢整体经营规模的扩大和核心竞争力的提升。

附　　录

钢铁工业"十二五"发展规划

前　　言

钢铁工业是国民经济的重要基础产业，包括采矿、选矿、烧结（球团）、焦化、炼铁、炼钢、轧钢、金属制品及辅料等生产工序。经过改革开放以来特别是近十年的发展，市场配置资源的作用不断加强，各种所有制形式的钢铁企业协同发展，产品结构、组织结构、技术装备不断优化，有效支撑了国民经济平稳较快发展。

"十二五"时期是深入推进科学发展、加快转变发展方式的攻坚阶段。钢铁工业"十二五"发展规划，根据《国民经济和社会发展第十二个五年规划纲要》和《工业转型升级规划（2011～2015年)》编制，主要阐明钢铁行业发展战略和目标，明确发展重点，引导市场优化配置资源，对钢铁工业转型升级进行部署，作为"十二五"期间我国钢铁工业发展的指导性文件。

一、发展现状

"十一五"时期是我国钢铁工业发展速度最快、节能减排成效显著的五年，钢铁工业有效满足了经济社会发展需要。但与此同时，行业发展的资源、环境等制约因素逐步增大，结构性矛盾依然突出。

（一）"十一五"主要成就

1. 支撑了国民经济平稳较快发展。"十一五"时期，我国粗钢产量由3.5亿吨增加到6.3亿吨，年均增长12.2%。钢材国内市场占有率由92%提高到97%。2010年，钢铁工业实现工业总产值7万亿元，占全国工业总产值的10%；资产总计6.2万亿元，占全国规模以上工业企业资产总值的10.4%，为建筑、机械、汽车、家电、造船等行业以及国民经济的快速发展提供了重要的原材料保障。

2. 品种质量明显改善。"十一五"时期，我国钢铁产品结构进一步优化，钢材品种齐全，产品质量不断提高，大部分品种自给率达到100%。关键钢材品种开发取得长足进步，高强建筑用钢板、抗震建筑用高强螺纹钢筋、航天器用合金材料、高性能管线钢、大型水电站用钢、高磁感取向硅钢、高速铁路用钢轨等高性能钢铁材料有力支撑了相关领域的发展，保障了北京奥运会场馆、上海世博会场馆、灾后重建、载人航天、探月工程等国家重大工程建设以及西气东输、三峡工程、京沪高铁等国家重点项目的顺利实施。

3. 技术装备水平大幅度提高。"十一五"时期，重点统计钢铁企业 1000 立方米及以上高炉生产能力所占比例由 48.3% 提高到 60.9%，100 吨及以上炼钢转炉生产能力所占比例由 44.9% 提高到 56.7%，大部分企业已配备铁水预处理、钢水二次精炼设施，精炼比达到 70%。轧钢系统基本实现全连轧，长期短缺的热连轧、冷连轧宽带钢轧机分别由 26 套和 16 套增加到 72 套和 50 套。宝钢、鞍钢、武钢、首钢京唐、马钢、太钢、沙钢、兴澄特钢、东特大连基地等大型钢铁企业技术装备达到国际先进水平。

4. 节能减排成效显著。"十一五"期间，共淘汰落后炼铁产能 12272 万吨、炼钢产能 7224 万吨，高炉炉顶压差发电、煤气回收利用及蓄热式燃烧等节能减排技术得到广泛应用，部分大型企业建立了能源管理中心，促进了钢铁工业节能减排。2010 年，重点统计钢铁企业各项节能减排指标全面改善，吨钢综合能耗降至 605 千克标准煤、耗新水量 4.1 立方米、二氧化硫排放量 1.63 千克，与 2005 年相比分别下降 12.8%、52.3% 和 42.4%。固体废弃物综合利用率由 90% 提高到 94%。

5. 联合重组步伐加快。跨地区重组不断推进，宝钢重组新疆八一钢铁、韶钢和宁波钢铁，武钢重组鄂钢、柳钢和昆钢股份，鞍钢联合重组攀钢，首钢重组水钢、长治钢铁、贵阳钢铁和通化钢铁，沙钢重组河南永钢，华菱钢铁重组无锡钢厂等基本完成。区域联合重组取得新进展，相继组建了河北钢铁集团、山东钢铁集团、渤海钢铁集团、新武安钢铁集团，河北钢铁集团还探索以渐进式股权融合方式重组了区域内 12 家钢铁企业。

6. 布局优化取得进展。建成了曹妃甸、鲅鱼圈、宁波等现代化沿海钢铁基地，宝钢、武钢、沙钢、马钢等沿江钢厂的影响力进一步增强。宝钢湛江和武钢防城港沿海钢铁精品基地已完成前期筹备，首钢、重钢、大连钢厂等城市钢厂搬迁工程基本完成。以国内资源为主导的钢铁工业布局逐步向国际、国内资源并举和贴近市场的战略布局转变。

7. 两化融合水平不断提升。钢铁行业工业化和信息化相互促进，融合程度不断加深。钢铁企业在工艺装备、流程优化、企业管理、市场营销和节能减排等方面的信息化水平大幅提升，并加速向集成应用转变。基础自动化在全行业普及应用，重点统计钢铁企业已全面实施生产制造执行系统，主要钢铁企业实现了企业管理信息化，逐步形成了多层次、多角度的信息化整体解决方案。

8. 铁矿资源勘探开采迈出新步伐。"十一五"期间，我国新增查明铁矿石资源储量 151 亿吨，平均每年增加 30.2 亿吨，国内铁矿石年产量从 4.2 亿吨增加到 10.7 亿吨，年均增长 20.6%，增强了我国钢铁工业发展的资源基础。

（二）面临的主要问题

1. 品种质量亟待升级。我国钢材产品实物质量整体水平仍然不高，只有约 30% 可以达到国际先进水平。量大面广的热轧螺纹钢筋等品种升级换代缓慢，规范和标准不能适应减量化用钢的要求。产品质量不稳定，下游行业尚不能高效科学使用钢材。少数关键品种钢材仍依赖进口，高强度、耐腐蚀、长寿命、减量化等高性能产品研发和生产技术水平有待进一步提高。钢铁行业尚未形成为下游产业提供完整材料解决方案的服务体系。

2. 布局调整进展缓慢。钢铁工业"北重南轻"的布局长期未能改善，东南沿海经济发展迅速，钢材需求量大，长期供给不足。环渤海地区钢铁产能近 4 亿吨，50% 以上产品外销。部分地区钢铁工业布局不符合全国主体功能区规划和制造业转移的要求。16 个直辖市和省会城市建有大型钢铁企业，已越来越不适应城市的总体发展要求。

3. 能源、环境、原料约束增强。重点统计钢铁企业烧结、炼铁、炼钢等工序能耗与国际先进水平相比还有一定差距，二次能源回收利用效率有待进一步提高，企业节能减排管理有待完善，成熟的节能减排技术有待进一步系统优化。高炉、转炉煤气干法除尘普及率较低。烧结脱硫尚未普及，绿色低碳工艺技术开发还处于起步阶段，二氧化硫、二氧化碳减排任务艰巨。铁矿石价格大幅上涨极大地挤压了钢铁行业的盈利空间，严重制约了钢铁行业的健康发展。

4. 自主创新能力不强。重点统计钢铁企业研发投入只占主营业务收入的 1.1%，远低于发达国家 3% 的水平。多数钢铁企业技术创新体系尚未完全形成，自主创新基础薄弱，缺乏高水平专家带头人才，工艺技术装备和关键品种自主创新成果不多。轧钢过程控制自动化技术和部分关键装备仍然主要依靠引进，非高炉炼铁、近终形连铸轧等前沿技术研发投入不足。

二、市场消费预测

"十二五"期间，我国发展仍处于可以大有作为的重要战略机遇期，钢铁工业将步入转变发展方式的关键阶段，既面临结构调整、转型升级的发展机遇，又面临资源价格高涨，需求增速趋缓、环境压力增大的严峻挑战，产品同质化竞争加剧，行业总体上将呈现低增速、低盈利的运行态势。

（一）发展环境

从国际环境看，世界经济复苏与增长有利于拉动全球钢铁工业发展，发展中国家特别是新兴经济体国家经济持续快速增长为钢铁工业提供了新的市场空间，同时也将加剧各国钢铁企业间的竞争。经济全球化深入发展将有利于我国钢铁企业广泛参与国际合作与竞争。同时，国际金融危机影响深远，国际钢铁市场各种形式的贸易保护主义抬头，围绕市场、资源、标准等方面的竞争更加激烈。全球铁矿石等原燃料供应及价格波动将对我国钢铁工业运行继续产生重大影响。应对气候变化和环境保护等因素对钢铁工业发展提出了更高的要求。我国钢铁工业发展的国际环境更趋复杂。

国内环境方面，我国在"十二五"期间将以内需拉动为主，经济发展仍将保持平稳较快势头，但国内生产总值增长速度比"十一五"期间将有所降低，固定资产投资增速将减缓，消费及第三产业对经济增长的拉动作用将逐渐增强。我国经济发展对钢铁消费需求还将继续增长，但增速减缓。转变经济发展方式将降低单位国内生产总值钢铁消费强度，新型材料将取代一部分钢铁产品，下游行业转型升级和战略性新兴产业发展将对钢材品种质量提出更高和更新的要求，钢铁工业与其他产业之间的融合发展将进一步加强。资源环境约束趋紧，节能减排将继续抑制钢铁产能释放。受进口大宗原燃料价格不断提高和其他要素成本上升的影响，钢铁生产成本压力继续增大，经营风险进一步增加。

（二）2015 年粗钢消费量预测

钢材消费量主要受经济总量和经济结构、发展阶段、固定资产投资规模等因素影响。"十二五"时期，工业化、城镇化不断深入，保障性安居工程、水利设施、交通设施等大规模建设将拉动钢材消费。同时，我国将加快转变发展方式，推动工业转型升级，培育发展战略性新兴产业，钢材"减量化"和材料替代等因素将对钢材消费量和消费结构产生重大影响。综合考虑以上因素，规划采用以下三种方法对 2015 年国内粗钢消费量进行了预测：

行业消费调研法。调查分析建筑、机械、汽车、交通、矿山、石油化工等13 个主要下游行业的"十二五"用钢需求，预测 2015 年消费量为 7.5 亿吨左右。

地区消费平衡法。根据各省市公布的"十二五"国内生产总值发展目标，结合各地区现有钢材消费水平和发展趋势，预测 2015 年消费量为 8.2 亿吨。

消费系数和回归分析法。根据《国民经济和社会发展第十二个五年规划纲要》提出的目标，设定了"十二五"期间国民经济快速、较快和适度等三种不同发展情景，综合采用国内生产总值钢材消费系数法、固定资产投资钢材消费系数法和回归分析法，预测 2015 年消费量分别为 8.1 亿吨、7.5 亿吨和 7.1 亿吨。

综合预测，2015 年国内粗钢导向性消费量约为 7.5 亿吨。

（三）中远期粗钢消费量预测

参考美、德、日等国钢铁工业发展规律，考虑我国地域广阔，各地区经济发展不平衡，对钢材消费总量和持续时间都将产生较大影响。综合各种因素，采用国内生产总值消费系数法和人均粗钢法，预测我国粗钢需求量可能在"十二五"

期间进入峰值弧顶区，最高峰可能出现在 2015 年至 2020 年期间，峰值约 7.7~8.2 亿吨，此后峰值弧顶区仍将持续一个时期。随着工业化、城镇化不断深入发展，以及经济发展方式转变和产业升级，城乡基础设施投资规模增速放缓，我国钢铁需求增速将呈逐年下降趋势，进入平稳发展期。

（四）关键钢材品种需求预测

根据各行业用钢需求，预测了 2015 年关键钢材品种消费量。

专栏 1　2015 年关键钢材品种消费预测　　　（万吨）

序号	品　　种	2010 年	2015 年
1	铁路用重轨	400	380
2	铁路车轮、车轴钢	54	60
3	高强钢筋	5650	11200
4	轴承钢	370	500
5	齿轮钢	207	250
6	合金弹簧钢	260	450
7	合金模具钢	30	50
8	造船板	1300	1600
9	高压容器用钢板	100	160
10	汽车用冷轧及镀锌薄板	835	1400
11	油井管	380	470
12	电站用高压锅炉管	48	70
13	硅钢片	572	650
14	不锈钢	940	1600

三、指导思想、基本原则和主要目标

（一）指导思想

以邓小平理论和"三个代表"重要思想为指导，深入贯彻落实科学发展观，坚持走中国特色新型工业化道路，满足下游行业转型升级和战略性新兴产业发展的要求，以钢铁工业结构调整、转型升级为主攻方向，以自主创新和技术改造为支撑，提高质量，扩大高性能钢材品种，实现减量化用钢，推进节能降耗，优化区域布局，引导兼并重组，强化资源保障，提高资本开放程度和国际化经营能力，加快实现由注重规模扩张发展向注重品种质量效益转变。

（二）基本原则

坚持结构调整。把扩大品种、提高质量、增进服务和推进钢材减量化以及加快节能减排、淘汰落后、优化布局作为结构调整的重点，严格控制产能扩张，加快发展钢铁新材料和生产性服务业，继续推进兼并重组，进一步提高产业集中度。

坚持绿色发展。积极开发、推广使用高效能钢材，推进两化深度融合，加快资源节约型、环境友好型的钢铁企业建设，大力发展清洁生产和循环经济，积极研发和推广使用节能减排和低碳技术，加强废弃物的资源化综合利用。

坚持自主创新。把自主创新作为钢铁工业可持续发展的重要支撑，强化钢铁企业技术创新主体地位，加快原始创新、集成创新和引进消化吸收再创新，完善技术创新体系，培育自主知识产权核心技术和品牌产品。

坚持区域协调。落实国家区域发展总体战略和主体功能区战略，根据资源能源条件、市场需求、环境容量、产业基础和物流配套能力，统筹沿海沿边与内陆、上下游产业及区域经济发展，优化产业布局，满足各地区经济社会发展需求。

强化资源保障。把提高资源保障能力提升到行业发展安全的战略高度。充分利用国内外两种资源两个市场，加大境外矿产资源合作开发，整合国内铁矿资源开发，规范国内铁矿石市场秩序，建立健全铁矿石资源战略保障体系。

专栏2　"十二五"时期钢铁工业发展主要指标

序号	指　标	2005年	2010年	2015年	"十二五"时期累计增长（%）
1	行业前十家产业集中度提高（%）	34.7	48.6	60	11.4*
2	单位工业增加值能耗降低（%）				18
3	单位工业增加值二氧化碳排放降低（%）				18
4	企业平均吨钢综合能耗降低（千克标煤）	694	605	≤580	≥4
5	吨钢耗新水量降低（立方米）	8.6	4.1	≤4.0	≥2.4
6	吨钢二氧化硫排放量降低（千克）	2.83	1.63	≤1	≥39
7	吨钢化学需氧量降低（千克）	0.25	0.07	0.065	7
8	固体废弃物综合利用率提高（%）	90	94	≥97	≥3*
9	研究与实验发展经费占主营业务收入比重（%）	0.9	1.1	≥1.5	≥0.5*

注：＊为2015年比2010年增加或减少的百分点。

（三）主要目标

"十二五"末，钢铁工业结构调整取得明显进展，基本形成比较合理的生产力布局，资源保障程度显著提高，钢铁总量和品种质量基本满足国民经济发展需求，重点统计钢铁企业节能环保达到国际先进水平，部分企业具备较强的国际市场竞争力和影响力，初步实现钢铁工业由大到强的转变。

1.品种质量。产品质量明显提高，稳定性增强，满足重点领域和重大工程需求，支持下游行业转型升级和战略性新兴产业发展。进口量较大的高强高韧汽车用钢、硅钢片等品种实现规模化生产，国内市场占有率达到90%以上；船用耐蚀钢、低温压力容器板、高速铁路车轮及车轴钢、高压锅炉管等高端品种自给率达80%。400兆帕及以上高强度螺纹钢筋比例超过80%。

2. 节能减排。淘汰400立方米及以下高炉（不含铸造铁）、30吨及以下转炉和电炉。重点统计钢铁企业焦炉干熄焦率达到95%以上。单位工业增加值能耗和二氧化碳排放分别下降18%，重点统计钢铁企业平均吨钢综合能耗低于580千克标准煤，吨钢耗新水量低于4.0立方米，吨钢二氧化硫排放下降39%，吨钢化学需氧量下降7%，固体废弃物综合利用率97%以上。

3. 产业布局。产能过剩地区的盲目扩张得到抑制，建成湛江、防城港钢铁精品基地，从根本上解决"北钢南运"问题。

4. 资源保障。基本建立利益共享的铁矿石、煤炭等钢铁工业原燃料保障体系，新增境外铁矿石产能1亿吨以上。

5. 技术创新。重点统计钢铁企业建立起完善的技术创新体系，研发投入占主营业务收入达到1.5%以上。绿色低碳冶炼和资源综合利用等自主创新工艺技术取得进展，高效生产和节能减排等共性关键技术得到广泛应用。

6. 产业集中度。大幅度减少钢铁企业数量，国内排名前10位的钢铁企业集团钢产量占全国总量的比例由48.6%提高到60%左右。

四、重点领域和任务

（一）加快产品升级

全面推进钢材品种、质量和标准的提升。为适应国家产业转型升级需要，钢铁企业要将产品升级放在首位，将提高量大面广的钢材产品质量、档次和稳定性作为产品结构调整的重中之重，全面提高钢铁产品性能和实物质量，加快标准升级，有效降低生产成本。进一步提高铁水预处理、炉外精炼比例，注重铁合金等辅料对产品质量的影响，以洁净钢平台建设为重点，理顺工艺流程，推广使用新一代控轧控冷等工艺技术。从生产和使用两方面开展工作，加强钢铁产品标准与下游建设、制造标准规范的衔接，建立健全产品质量检测体系，进一步提升建筑、机械、轻工、造船等行业用钢材的产品质量，增强质量稳定性。

加大高强钢筋的推广应用。支持钢铁企业围绕高强度螺纹钢筋生产和品种开发实施技术改造，提高产品质量，保障供应能力，完善高强度螺纹钢筋生产及市场配送体系。修订钢筋混凝土用钢标准，研究开发高强度螺纹钢筋连接技术，满足高强度螺纹钢筋生产要求。结合国家城乡基础设施建设重大工程、保障性安居工程和重点水利工程建设项目，在抓好江苏、河北、云南等地应用高强度螺纹钢筋试点工作基础上，在全国大中城市全面推广使用400兆帕、500兆帕高强度螺纹钢筋，促进建筑钢材升级换代和减量应用。

发展关键钢材品种。鼓励有实力的钢铁企业开发高端钢材品种，同时防止产品高档次同质化发展，避免投资浪费和高端产品的无序竞争。

专栏3 下游行业主要用钢材产品升级方向

---

01 建筑业

适应减量化用钢趋势，升级热轧螺纹钢标准，重点发展400兆帕及以上高强度螺纹钢筋、抗震钢筋、高强度线材（硬线）；在钢结构建筑领域重点推广高强度、抗震、耐火耐候钢板和H型钢的应用。

02 机械行业

重点发展高强度、低合金中厚板和高强度棒材，提高钢材产品质量稳定性。

03 造船业

重点发展油船用高品质耐蚀船板、大型液化天然气（LNG）运输船用低温压力容器板和高强度船板。

04 汽车业

重点发展700兆帕及以上高强度汽车大梁板，780兆帕~1500兆帕高强度汽车板，高强、超高强帘线钢等产品。提高产品表面质量和质量稳定性。

05 家电业

重点发展高强度、薄规格家电钢板，提高板材表面质量、平整性，推广使用钝化或耐指纹膜处理的镀铝锌钢板、热镀锌无铬钝化板、无铬彩涂板、电工钢环保涂层板等绿色环保用材。

06 电力业

重点发展超临界、超超临界火电机组用大口径耐热、耐高压管，核电机组用高性能铁素体和奥氏体不锈钢、锰镍钼类合金钢管，低铁损、高磁感硅钢，非晶带材。

促进特钢品质全面升级。支持特钢企业兼并重组，增强太钢、中信泰富、东北特钢、宝钢特钢等特钢龙头企业的引领作用，鼓励特钢企业走"专、精、特、新"的发展道路，大力推进特钢企业技术进步和产品升级换代，开发绿色低碳节能环保型钢材以及装备制造业、航空航天业所需的高性能特钢材料。着重提高轴承钢、齿轮钢、工模具钢、不锈钢、高温合金等特钢产品的质量和性能，特别是延长使用寿命。支持大力发展特钢废钢回收体系等特钢配套产业。

专栏4 特殊钢发展重点

---

01 推广应用特钢生产技术

特殊钢高洁净冶炼技术，电渣熔铸、真空冶金等特种冶炼技术，均质化、细晶化凝固技术，精准成分控制技术，控制成型技术，特种成型技术，精det热处理技术。

02 重点发展的关键特钢品种

高铁等重大装备用高品质轴承钢、车轴钢、车轮、弹簧钢，超超临界火电机组用耐热钢，高档不锈钢，汽车等制造业用高档齿轮钢，高抛光性能、高耐蚀性能工模具钢，特种耐腐蚀油井管，航空航天零部件用特殊钢，高档数控机床用特殊钢，核电机组用特殊钢，工程机械用高强度高硬度合金结构钢，高温合金及特种合金材料，特种合金钢管、银亮材、精密冷带等深加工产品。

---

03 特钢重点工艺技术开发

　　大型锻件生产线，超大规格圆坯连铸，特种钢板热处理，高等级特钢型材及不锈钢无缝钢管，合金钢丝生产线。

（二）深入推进节能减排

　　按照国家节能减排总体要求和地区分解任务指标，降低钢铁企业单位增加值能源消耗、二氧化碳排放和用水量，减少二氧化硫排放总量。烧结机全部加装烟气脱硫和余热回收装置，鼓励实施脱硝改造，钢铁企业焦炉基本采用干法熄焦，高炉全部配备高效喷煤和余热余压回收装置，提升转炉负能炼钢水平，进一步推广普及应用干法除尘、蓄热式燃烧等节能技术。加强冶金渣、尘泥等固体废弃物的综合利用，加快钢铁行业资源能源回收利用产业发展。促进钢铁与其他产业的融合，发展循环经济。健全能源计量管理制度，完善能源管理体系，依法开展能源审计、清洁生产审核和清洁生产方案的实施。

专栏5　节能减排技术推广应用重点

01 铁前节能减排技术

　　低温烧结工艺技术，烧结烟气脱硫、脱硝技术，小球烧结技术，链箅机－回转窑球团技术，球团废热循环利用技术，高温高压干熄焦技术，煤调湿技术，捣固炼焦技术，焦炉、高炉利用废塑料技术，高炉高效喷煤技术，高炉脱湿鼓风技术，高炉干法除尘技术，高炉热风炉双预热技术，转底炉处理含铁尘泥技术。

02 炼钢、轧钢节能减排技术

　　转炉煤气干法除尘技术，转炉负能炼钢工艺技术，电炉烟气余热回收利用除尘技术，蓄热式燃烧技术，低温轧制技术，在线热处理技术，轧钢氧化铁皮综合利用技术。

03 综合节能减排技术

　　燃气－蒸汽联合循环发电技术，原料场粉尘抑制技术，双膜法污水处理回用技术，能源管理中心及优化调控技术。冶金渣综合利用技术，综合污水处理技术，余热余压综合利技术。

（三）强化技术创新和技术改造

　　推进企业技术创新，提高钢铁工业自主创新能力。鼓励开发应用新一代可循环钢铁流程技术，低品位、难选冶、共伴生矿资源开发与尾矿综合利用技术，非高炉炼铁技术，高效低成本洁净钢生产技术，近终形连铸轧成套装备技术，高强、长寿、耐腐蚀产品制造技术，以及烧结脱硝脱二噁英等节能减排前沿技术。支持企业围绕战略性新兴产业开发钢铁新材料。

　　加快建立以企业为主体、市场为导向、产学研用相结合的技术创新体制和机制。增强冶金科研院所、高校和工程设计单位创新动力，鼓励大型钢铁企业加大研发投入，推动建立企业、科研院所、高校、工程设计单位和下游用户共同参与的创新战略联盟。完善钢铁工业国家工程实验室、重点实验室、工程技术（研究）中心、企业技术中心、技术创新示范企业、高新技术产业化基地和高效钢材应用示范等技术创新平台。

专栏6 技术创新重点

01 新工艺、新装备、新技术

　　非高炉炼铁技术，新一代可循环钢铁流程技术，钢材强韧化技术，新一代控轧控冷技术，大型电炉设备成套技术，薄带连铸短流程产业化技术，煤针状焦产业化技术，工业核心工艺控制器系统（CCTS）研究与开发。

02 新产品、新材料技术

　　核电不锈钢、核岛压力容器钢板、核电发电机转子锻件合金钢、核电蒸发器传热管用钢生产技术；超超临界火电机组蒸汽管、过热器、再热器用钢，高中压电转子用钢生产技术；超纯铁素体不锈钢、高氮控氮奥氏体不锈钢、超级奥氏体耐蚀不锈钢生产技术；油船用高品质耐蚀船板、特种耐腐蚀油井管生产技术；高强高韧汽车用钢、高品质轴承钢、齿轮钢等生产技术。

03 节能减排新技术及资源、能源循环利用技术

　　高炉富氧喷吹焦炉煤气技术，高炉炉顶煤气循环氧气鼓风炼铁技术，烧结脱硝脱二噁英技术，电炉炼钢中二噁英类物质的减排技术，转底炉直接还原钒钛磁铁矿技术，矿产资源综合利用新流程技术，高炉渣、钢渣等显热回收利用技术，共伴生矿、难选冶矿应用技术。

　　加快技术改造，促进钢铁工业优化升级。围绕品种质量、节能降耗、清洁生产、"两化"融合和安全生产等重点，加快应用新技术、新工艺、新装备，对企业现有生产设施、装备、生产工艺条件进行改造，不断优化生产流程，升级企业技术装备，提高资源综合利用水平，增强新产品开发能力，加快产品升级换代，加强安全生产保障。

专栏7 技术改造重点

01 品种质量

　　重点开发满足下游行业和战略性新兴产业发展需要的关键钢材品种，提高产品质量、档次和稳定性。依托有实力的企业发展高速铁路用钢、高磁感取向硅钢、高强高韧汽车用钢、高强度机械用钢、低温压力容器板、船舶行业用耐蚀钢、高性能油气输送管线钢、高强度机械用钢、海洋工程用钢、油气储罐用钢、电力行业用高压锅炉管和核电用钢等高精尖产品和关键钢材品种。

　　建筑钢材生产企业全面改造升级，生产400兆帕及以上高强度螺纹钢筋。

02 资源开发

　　低品位、伴生矿采选冶炼，尾矿综合利用，废钢加工等。

03 节能减排

　　转炉、高炉烟气干法净化与余热余压综合利用系统集成优化，电炉烟气余热回收，烧结工序节能减排系统集成优化，冶金渣等固废处理利用与过程中余热利用系统集成优化。

04 工艺技术

洁净钢生产、新一代控轧控冷（TMCP）等工艺技术改造和工艺流程优化。

05 两化融合

钢材性能在线监测、预报、控制技术改造，信息化集成系统技术改造，建设能源管理中心。

（四）淘汰落后生产能力

"十二五"时期是淘汰落后的攻坚期，继续严格执行节能、土地、环保等法律法规，综合运用差别电价、财政奖励、考核问责等法律手段、经济手段和必要的行政手段，加大淘汰落后产能力度，公告淘汰落后产能企业名单，切实落实淘汰落后年度计划，严禁落后产能转移。要将上大与压小相结合，淘汰落后与新上项目相结合，根据各地区淘汰落后产能情况，优先核准淘汰落后任务完成较好地区和企业的技术改造项目。

专栏8　落后生产工艺装备和产品

01 烧结、球团和炼焦生产工艺装备

90平方米以下烧结机，土烧结矿、热烧结矿工艺，8平方米以下球团竖炉，土法炼焦（含改良焦炉），单炉产能7.5万吨/年以下或无煤气、焦油回收利用和污水处理达不到准入条件要求的半焦（兰炭）生产装置，炭化室高度4.3米（捣固焦炉3.8米）以下常规机焦炉。

02 炼铁、炼钢生产工艺装备

400立方米及以下的炼铁高炉，200立方米及以下的专业铸铁管厂高炉，生产地条钢、普碳钢的工频和中频感应炉（机械铸造用钢锭除外），30吨及以下炼钢转炉，15000千伏安及以下（30吨及以下）炼钢电炉，5000千伏安及以下（公称容量10吨及以下）高合金钢电炉。

03 轧钢生产工艺装备

复二重线材轧机，叠轧薄板轧机，横列式棒材及型材轧机，普钢初轧机及开坯用中型轧机，热轧窄带钢（600毫米及以下）轧机，三辊劳特式中板轧机，直径76毫米以下热轧无缝管机组，三辊横列式型线材轧机（不含特殊钢生产）。

04 落后产品

热轧硅钢片，Ⅰ级螺纹钢筋产品，Ⅱ级螺纹钢筋产品（按建筑行业用钢标准和建筑规范要求淘汰），25A空腹钢窗料，普通松弛级别的钢丝、钢绞线。

工频和中频感应炉等生产的地条钢、普碳钢及以其为原料生产的钢材产品。

（五）优化产业布局

结合兼并重组和淘汰落后，在不增加生产能力的前提下，围绕提高产品质量和降低物流成本，统筹考虑市场需求、交通运输、环境容量和铁矿、煤炭、供水、电力等资源能源保障条件，有保有压，优化产业布局。重大布局调整项目要进行能耗、水耗、环境容量、运输等综合平衡，把完成能耗和环保约束性指标作为项目核准的必要条件。

环渤海、长三角地区原则上不再布局新建钢铁基地。河北、山东、江苏、辽宁、山西等钢铁规模较大的地区通过兼并重组、淘汰落后，减量调整区域内产业布局。湖南、湖北、河南、安徽、江西等中部地区省份在不增加钢铁产能总量条件下，积极推进结构调整和产业升级。西部地区部分市场相对独立区域，立足资源优势，承接产业转移，结合区域差别化政策，适度发展钢铁工业。

继续推进东南沿海钢铁基地建设。"十二五"期间，加快建设湛江、防城港沿海钢铁精品基地，彻底改变东南沿海钢材供需矛盾，推进福建宁德钢铁基地建设，促进海峡西岸经济发展。通过上述重大布局项目的建设，抑制过剩地区钢铁产能盲目扩张。

西部地区已有钢铁企业要加快产业升级，结合能源、铁矿、水资源、环境和市场容量适度发展。新疆、云南、黑龙江等沿边地区，积极探索利用周边境外矿产、能源和市场，发展钢铁产业。充分发挥攀西钒钛资源和包头稀土资源优势，发展具有资源综合利用特色的钢铁工业。

有序推进与城市发展不协调的钢厂转型或搬迁。对于经济支撑作用下降和资源环境矛盾突出的钢铁企业，实施转型或搬迁改造。综合实力弱、技术水平低的企业应实行转型，发展钢铁服务业或其他产业。有实力、有技术、有特色的城市钢厂，要结合区域钢铁企业兼并重组、淘汰落后和产业升级，综合考虑城市总体发展规划、企业承受能力，特别是人员安置等因素，有序实施环保搬迁，严禁借搬迁之名扩大钢铁生产能力。"十二五"期间根据条件成熟情况，支持广州、青岛、昆明、合肥、唐山（丰南）、杭州、芜湖等城市钢厂搬迁改造或转型发展，科学论证西宁、抚顺、石家庄、贵阳等城市钢厂发展定位。

（六）增强资源保障能力

强化铁矿石资源保障体系建设。积极优化铁矿资源全球配置，鼓励钢铁企业建立与资源所在国利益共享的对外资源开发机制，实施投资区域多元化，在具有资源优势国家和地区以及周边国家，有序建立稳定、可靠的铁矿石、铬矿、锰矿、焦煤等原燃料供应基地和运输保障体系。规范国内铁矿石市场秩序，加大国内铁矿资源的勘探力度，提高尾矿回收综合利用水平。对闭坑矿山的生态恢复和复垦给予必要的支持。鼓励国内现有矿山资源的整合，提高产业集中度，保证有序开发，严禁大矿小开，乱采滥挖。

加快建立适应我国钢铁工业发展要求的废钢循环利用体系。依托符合环保要求的国内废钢加工配送企业，重点建设一批废钢加工示范基地，完善加工回收配送产业链，提高废钢加工技术装备水平和废钢产品质量。积极研究制定进口废钢的优惠政策措施，鼓励在海外建立废钢回收加工配送基地。

（七）加快兼并重组

按照市场化运作、企业为主体、政府引导的原则，以符合国家钢铁产业政策和《钢铁行业生产经营规范条件》的企业为兼并重组主体，结合淘汰落后、技术改造和优化布局，加快钢铁企业兼并重组步伐。鼓励社会资本参与国有钢铁企业兼并重组。

重点支持优势大型钢铁企业开展跨地区、跨所有制兼并重组。充分发挥宝钢、鞍钢、武钢、首钢等大型钢铁企业集团的带动作用，形成3～5家具有核心竞争力和较强国际影响的企业集团。重点推进完善鞍钢与攀钢、本钢、三钢等企业，宝钢与广东钢铁企业，武钢与云南、广西钢铁企业，首钢与吉林、贵州、山西等地钢铁企业兼并重组。

积极支持区域优势钢铁企业兼并重组，大幅减少钢铁企业数量，促进区域钢铁企业加快产业升级，不断提升发展水平，形成6～7家具有较强市场竞争力的企业集团。巩固河北钢铁、山东钢铁重组成果，积极推进唐山渤海钢铁、太原钢铁开展兼并重组，引导河北、江苏、山东、山西、河南、云南等省内钢铁企业兼并重组。

加强兼并重组协调管理，保持各钢铁企业间的和谐健康发展，避免形成恶性竞争。重组企业要发挥协同效应，注重体制和机制创新，在战略管理、规划发展、技术创新、人财物、产供销等方面进行实质性整合，再造业务流程。重组企业要加大淘汰落后和节能减排力度，切实保障职工合法权益。

（八）加强钢铁产业链延伸和协同

转变服务理念、增强服务意识，建立钢铁企业与下游用户战略合作机制，发展钢材深加工，完善物流配送体系，提升产品价值和企业服务功能，促进由钢铁生产商向服务商转变。加强政府引导，推进产业结合，推广钢材新产品应用。鼓励钢铁企业建立钢材服务中心，联合下游行业开发钢铁新材料和下游产品，为用户提供全方位钢铁材料解决方案，实现钢铁工业与下游行业互利共赢。积极发展咨询服务、技术中介、工业设计、电子商务等钢铁服务业。积极开展维修、仓储、物流等服务外包，以及制氧、石灰、渣处理、废钢分类加工等辅助工序外包。

（九）进一步提高国际化水平

充分利用两个市场、两种资源，统筹"引进来"与"走出去"，加强国际化经营，深化经济技术合作。进一步扩大钢铁工业对外开放程度，鼓励国外先进知名钢铁企业参股和投资国内钢铁企业和项目，在钢材产品深加工领域投资设立企业和研发中心，提升我国钢铁企业的创新能力和管理水平。

将在国外投资建设钢铁厂作为我国钢铁工业实施"走出去"的重大战略，研究适合钢铁产业转移的境外地区和国家，制定鼓励政策措施，支持国内钢铁企业及其他企业在境外投资建设钢铁厂及经贸合作区，参与国外钢铁企业的兼并重组，开拓市场营销网络等，提高国内钢铁企业参与国际竞争的能力和水平，打造具有较强国际竞争力水平的国际化企业集团。支持部分沿边地区发展市场、原料及能源在外的钢铁产业。

五、政策措施

（一）完善行业管理体系

建立健全钢铁工业运行监测网络和预警体系，强化行业信息统计和信息发布。加强行业管理，及时协调解决行业发展中出现的重大问题，减轻企业负担，严格安全生产管理，促进行业平稳运行发展。发挥协会等中介组织在加强信息交流、行业自律、企业维权等方面的积极作用。

（二）营造公平竞争的市场环境

充分发挥市场配置资源的基础性作用，加强和改善宏观调控。规范钢铁行业生产经营秩序，完善钢铁工业市场进入和退出机制，营造各种所有制钢铁企业依法平等使用生产要素、公平参与市场竞争的市场环境，坚决制止偷税漏税、生产假冒伪劣产品、严重污染环境等违法行为。

（三）加强行业标准化工作

强化标准化在产品质量、企业管理、生产经营、市场开拓中的作用。抓紧修改完善落后于发展实际的标准。加强钢铁企业与下游用钢企业的合作，共同促进钢铁行业标准化体系建设。加强标准化工作的组织管理和监督，发挥企业在标准化中的主体作用。

（四）加强政策宏观引导

加强财税、金融、贸易、土地、节能、环保、安全生产等各项政策与钢铁产业政策的衔接。适时发布钢铁工业先进技术、产品和装备指导目录，引领钢铁工业先进生产力发展方向。加强现有钢铁企业生产经营规范管理，强化产品质量、节能减排、环境保护、装备水平、合理规模、安全生产和社会责任对企业的约束和引导作用，分批公告符合生产经营规范条件的企业名单。制定钢铁工业兼并重组指导意见，指导地方和企业开展兼并重组工作。

（五）促进国际交流合作

完善中外钢铁交流机制，促进各方在信息、技术、管理等方面的沟通。适时调整产品进出口贸易政策，积极应对国际贸易摩擦。建立高效协调机制，支持企业有序开发境外资源。引导具有国际竞争力的境外钢铁企业集团参与国内兼并重组和合资合作。支持大型优势企业围绕低碳制造技术开展国际合作。

（六）推动两化深度融合

推动钢铁行业"两化"融合发展水平评估，建立和完善钢铁工业信息化标准规范工作体系。推进企业建设产供销一体、管控衔接、三流同步（信息流、资金流、物质流）的信息化集成系统，支持跨地区企业集团建立完善异地分布的信息系统，提高管控效率。加强信息安全和系统安全的保障体系建设，提高信息化系统安全性和稳定保障能力。

（七）健全规划实施机制

各地区行业主管部门要将推进钢铁工业发展与本地区的兼并重组、淘汰落后、上大压小、能耗和环境容量等项工作结合起来，要联系本地区发展实际，落实规划提出的任务和政策措施。有关企业要制订与本规划相衔接的规划方案，做好与本规划提出的主要目标和重点任务的协调。中国钢铁工业协会等行业组织要发挥桥梁和纽带作用，及时反映钢铁行业贯彻落实规划的新情况、新问题，提出政策建议。

中华人民共和国工业和信息化部

2011 年 10 月 24 日

国务院关于钢铁行业化解过剩产能
实现脱困发展的意见

国发〔2016〕6号

各省、自治区、直辖市人民政府，国务院各部委、各直属机构：

钢铁产业是国民经济的重要基础原材料产业，投资拉动作用大、吸纳就业能力强、产业关联度高，为我国经济社会发展作出了重要贡献。近年来，随着经济下行压力加大，钢材市场需求回落，钢铁行业快速发展过程中积累的矛盾和问题逐渐暴露，其中产能过剩问题尤为突出，钢铁企业生产经营困难加剧、亏损面和亏损额不断扩大。为贯彻落实党中央、国务院关于推进结构性改革、抓好去产能任务的决策部署，进一步化解钢铁行业过剩产能、推动钢铁企业实现脱困发展，现提出以下意见。

一、总体要求

（一）指导思想。全面贯彻党的十八大和十八届三中、四中、五中全会以及中央经济工作会议精神，按照"五位一体"总体布局和"四个全面"战略布局，牢固树立和贯彻落实创新、协调、绿色、开放、共享的发展理念，着眼于推动钢铁行业供给侧结构性改革，坚持市场倒逼、企业主体，地方组织、中央支持，突出重点、依法依规，综合运用市场机制、经济手段和法治办法，因地制宜、分类施策、标本兼治，积极稳妥化解过剩产能，建立市场化调节产能的长效机制，促进钢铁行业结构优化、脱困升级、提质增效。

（二）基本原则。坚持市场倒逼、企业主体。健全公平开放透明的市场规则，强化市场竞争机制和倒逼机制，提高有效供给能力，引导消费结构升级。发挥企业主体作用，保障企业自主决策权。

坚持地方组织、中央支持。加强政策引导，完善体制机制，规范政府行为，取消政府对市场的不当干预和对企业的地方保护。发挥中央和地方两个积极性，积极有序化解过剩产能，确保社会稳定。

坚持突出重点、依法依规。整体部署、重点突破，统筹推进各地区开展化解过剩产能工作，产钢重点省份和工作基础较好的地区率先取得突破。强化法治意识，依法依规化解过剩产能，切实保障企业和职工的合法权益，落实好各项就业和社会保障政策，处置好企业资产债务。

（三）工作目标。在近年来淘汰落后钢铁产能的基础上，从2016年开始，用

5 年时间再压减粗钢产能 1 亿~1.5 亿吨，行业兼并重组取得实质性进展，产业结构得到优化，资源利用效率明显提高，产能利用率趋于合理，产品质量和高端产品供给能力显著提升，企业经济效益好转，市场预期明显向好。

二、主要任务

（四）严禁新增产能。严格执行《国务院关于化解产能严重过剩矛盾的指导意见》（国发〔2013〕41 号），各地区、各部门不得以任何名义、任何方式备案新增产能的钢铁项目，各相关部门和机构不得办理土地供应、能评、环评审批和新增授信支持等相关业务。对违法违规建设的，要严肃问责。已享受奖补资金和有关政策支持的退出产能不得用于置换。

（五）化解过剩产能。

1. 依法依规退出。严格执行环保、能耗、质量、安全、技术等法律法规和产业政策，达不到标准要求的钢铁产能要依法依规退出。

——环保方面：严格执行环境保护法，对污染物排放达不到《钢铁工业水污染物排放标准》、《钢铁烧结、球团工业大气污染物排放标准》、《炼铁工业大气污染物排放标准》、《炼钢工业大气污染物排放标准》、《轧钢工业大气污染物排放标准》等要求的钢铁产能，实施按日连续处罚；情节严重的，报经有批准权的人民政府批准，责令停业、关闭。

——能耗方面：严格执行节约能源法，对达不到《粗钢生产主要工序单位产品能源消耗限额》等强制性标准要求的钢铁产能，应在 6 个月内进行整改，确需延长整改期限的可提出不超过 3 个月的延期申请，逾期未整改或未达到整改要求的，依法关停退出。

——质量方面：严格执行产品质量法，对钢材产品质量达不到强制性标准要求的，依法查处并责令停产整改，在 6 个月内未整改或未达到整改要求的，依法关停退出。

——安全方面：严格执行安全生产法，对未达到企业安全生产标准化三级、安全条件达不到《炼铁安全规程》、《炼钢安全规程》、《工业企业煤气安全规程》等标准要求的钢铁产能，要立即停产整改，在 6 个月内未整改或整改后仍不合格的，依法关停退出。

——技术方面：按照《产业结构调整指导目录（2011 年本）（修正）》的有关规定，立即关停并拆除 400 立方米及以下炼铁高炉、30 吨及以下炼钢转炉、30 吨及以下炼钢电炉等落后生产设备。对生产地条钢的企业，要立即关停，拆除设备，并依法处罚。

2. 引导主动退出。完善激励政策，鼓励企业通过主动压减、兼并重组、转型转产、搬迁改造、国际产能合作等途径，退出部分钢铁产能。

——企业主动压减产能。鼓励有条件的企业根据市场情况和自身发展需要，调整企业发展战略，尽快退出已停产的产能。鼓励钢铁产能规模较大的重点地区支持属地企业主动承担更多的压减任务。

——兼并重组压减产能。鼓励有条件的钢铁企业实施跨行业、跨地区、跨所有制减量化兼并重组，重点推进产钢大省的企业实施兼并重组，退出部分过剩产能。

——转产搬迁压减产能。对不符合所在城市发展规划的城市钢厂，不具备搬迁价值和条件的，鼓励其实施转型转产；具备搬迁价值和条件的，支持其实施减量、环保搬迁。

——国际产能合作转移产能。鼓励有条件的企业结合"一带一路"建设，通过开展国际产能合作转移部分产能，实现互利共赢。

3. 拆除相应设备。钢铁产能退出须拆除相应冶炼设备。具备拆除条件的应立即拆除；暂不具备拆除条件的设备，应立即断水、断电，拆除动力装置，封存冶炼设备，企业向社会公开承诺不再恢复生产，同时在省级人民政府或省级主管部门网站公示，接受社会监督，并限时拆除。

（六）严格执法监管。强化环保执法约束作用，全面调查钢铁行业环保情况，严格依法处置环保不达标的钢铁企业，进一步完善钢铁行业主要污染物在线监控体系，覆盖所有钢铁企业。加大能源消耗执法检查力度，全面调查钢铁行业能源消耗情况，严格依法处置生产工序单位产品能源消耗不达标的钢铁企业。加强产品质量管理执法，全面调查钢铁生产许可获证企业生产状况和生产条件，严厉打击无证生产等违法行为。对因工艺装备落后、环保和能耗不达标被依法关停的企业，注销生产许可证；对重组"僵尸企业"、实施减量化重组的企业办理生产许可证的，优化程序，简化办理。严格安全生产监督执法，全面调查钢铁行业安全生产情况，及时公布钢铁企业安全生产不良记录"黑名单"信息，依法查处不具备安全生产条件的钢铁企业。加大信息公开力度，依法公开监测信息，接受社会公众监督。

（七）推动行业升级。

1. 推进智能制造。引导钢铁制造业与"互联网＋"融合发展，与大众创业、万众创新紧密结合，实施钢铁企业智能制造示范工程，制定钢铁生产全流程"两化融合"解决方案。提升企业研发、生产和服务的智能化水平，建设一批智能制造示范工厂。推广以互联网订单为基础，满足客户多品种小批量的个性化、柔性化产品定制新模式。

2. 提升品质品牌。树立质量标杆，升级产品标准，加强品牌建设，全面提升主要钢铁产品的质量稳定性和性能一致性，形成一批具有较大国际影响力的企业品牌和产品品牌。

3. 研发高端品种。加强钢铁行业生产加工与下游用钢行业需求对接，引导钢铁企业按照"先期研发介入、后续跟踪改进"的模式，重点推进高速铁路、核电、汽车、船舶与海洋工程等领域重大技术装备所需高端钢材品种的研发和推广应用。

4. 促进绿色发展。实施节能环保改造升级，开展环保、节能对标活动，加快企业能源管理信息系统建设。所有钢铁企业实现环保节能稳定达标，全行业污染物排放总量稳步下降。

5. 扩大市场消费。推广应用钢结构建筑，结合棚户区改造、危房改造和抗震安居工程实施，开展钢结构建筑推广应用试点，大幅提高钢结构应用比例。稳定重点用钢行业消费，促进钢铁企业与下游用户合作，推进钢材在汽车、机械装备、电力、船舶等领域扩大应用和升级。

三、政策措施

（八）加强奖补支持。设立工业企业结构调整专项奖补资金，按规定统筹对地方化解过剩产能中的人员分流安置给予奖补，引导地方综合运用兼并重组、债务重组和破产清算等方式，加快处置"僵尸企业"，实现市场出清。使用专项奖补资金要结合地方任务完成进度（主要与退出产能挂钩）、困难程度、安置职工情况等因素，对地方实行梯级奖补，由地方政府统筹用于符合要求企业的职工安置。具体办法由相关部门另行制定。

（九）完善税收政策。加快铁矿石资源税从价计征改革，推动扩大增值税抵扣范围。将营改增范围扩大到建筑业等领域。钢铁企业利用余压余热发电，按规定享受资源综合利用增值税优惠政策。统筹研究钢铁企业利用余压余热发电适用资源综合利用企业所得税优惠政策问题。落实公平税赋政策，取消加工贸易项下进口钢材保税政策。

（十）加大金融支持。

1. 落实有保有控的金融政策，对化解过剩产能、实施兼并重组以及有前景、有效益的钢铁企业，按照风险可控、商业可持续原则加大信贷支持力度，支持各类社会资本参与钢铁企业并购重组；对违规新增钢铁产能的企业停止贷款。

2. 运用市场化手段妥善处置企业债务和银行不良资产，落实金融机构呆账核销的财税政策，完善金融机构加大抵债资产处置力度的财税支持政策。研究完善不良资产批量转让政策，支持银行加快不良资产处置进度，支持银行向金融资产管理公司打包转让不良资产，提高不良资产处置效率。

3. 支持社会资本参与企业并购重组。鼓励保险资金等长期资金创新产品和投资方式，参与企业并购重组，拓展并购资金来源。完善并购资金退出渠道，加快发展相关产权的二级交易市场，提高资金使用效率。

4. 严厉打击企业逃废银行债务行为，依法保护债权人合法权益。地方政府建立企业金融债务重组和不良资产处置协调机制，组织协调相关部门支持金融机构做好企业金融债务重组和不良资产处置工作。

（十一）做好职工安置。要把职工安置作为化解过剩产能工作的重中之重，通过企业主体作用与社会保障相结合，多措并举做好职工安置。安置计划不完善、资金保障不到位以及未经职工代表大会或全体职工讨论通过的职工安置方案，不得实施。

1. 挖掘企业内部潜力。充分发挥企业主体作用，采取协商薪酬、灵活工时、培训转岗等方式，稳定现有工作岗位，缓解职工分流压力。支持创业平台建设和职工自主创业，积极培育适应钢铁企业职工特点的创业创新载体，扩大返乡创业试点范围，提升创业服务孵化能力，培育接续产业集群，引导职工就地就近创业就业。

2. 对符合条件的职工实行内部退养。对距离法定退休年龄 5 年以内的职工经自愿选择、企业同意并签订协议后，依法变更劳动合同，企业为其发放生活费并缴纳基本养老保险费和基本医疗保险费。职工在达到法定退休年龄前，不得领取基本养老金。

3. 依法依规解除、终止劳动合同。企业确需与职工解除劳动关系的，应依法支付经济补偿，偿还拖欠的职工在岗期间工资和补缴社会保险费用，并做好社会保险关系转移接续手续等工作。企业主体消亡时，依法与职工终止劳动合同，对于距离法定退休年龄 5 年以内的职工，可以由职工自愿选择领取经济补偿金，或由单位一次性预留为其缴纳至法定退休年龄的社会保险费和基本生活费，由政府指定的机构代发基本生活费、代缴基本养老保险费和基本医疗保险费。

4. 做好再就业帮扶。通过技能培训、职业介绍等方式，促进失业人员再就业或自主创业。对就业困难人员，要加大就业援助力度，通过开发公益性岗位等多种方式予以帮扶。对符合条件的失业人员按规定发放失业保险金，符合救助条件的应及时纳入社会救助范围，保障其基本生活。

（十二）盘活土地资源。钢铁产能退出后的划拨用地，可以依法转让或由地方政府收回，地方政府收回原划拨土地使用权后的土地出让收入，可按规定通过预算安排支付产能退出企业职工安置费用。钢铁产能退出后的工业用地，在符合城乡规划的前提下，可用于转产发展第三产业，地方政府收取的土地出让收入，可按规定通过预算安排用于职工安置和债务处置；其中转产为生产性服务业等国家鼓励发展行业的，可在 5 年内继续按原用途和土地权利类型使用土地。

四、组织实施

（十三）加强组织领导。相关部门要建立化解钢铁过剩产能和脱困升级工作协调机制,加强综合协调,制定实施细则,督促任务落实,统筹推进各项工作。各有关省级人民政府要成立领导小组,任务重的市、县和重点企业要建立相应领导机构和工作推进机制。各有关省级人民政府、国务院国资委分别对本地区、有关中央企业化解钢铁过剩产能工作负总责,要根据本意见研究提出产能退出总规模、分企业退出规模及时间表,据此制订实施方案及配套政策,报送国家发展改革委、工业和信息化部。国家发展改革委、工业和信息化部根据全国化解钢铁过剩产能的目标任务和时间要求,综合平衡,并与各有关地区、国务院国资委进行协调,将化解过剩产能任务落实到位。各有关省级人民政府、国务院国资委据此制定实施方案并组织实施,同时报国务院备案。

(十四)强化监督检查。建立健全目标责任制,把各地区化解过剩产能目标落实情况列为落实中央重大决策部署监督检查的重要内容,加强对化解过剩产能工作全过程的监督检查。各地区要将化解过剩产能任务年度完成情况向社会公示,建立举报制度。强化考核机制,引入第三方机构对各地区任务完成情况进行评估,对未完成任务的地方和企业要予以问责。国务院相关部门要适时组织开展专项督查。

(十五)做好行业自律。充分发挥行业协会熟悉行业、贴近企业的优势,及时反映企业诉求,反馈政策落实情况,引导和规范企业做好自律工作。引入相关中介、评级、征信机构参与标准确认、公示监督等工作。化解钢铁过剩产能标准和结果向社会公示,加强社会监督,实施守信激励、失信惩戒。

(十六)加强宣传引导。要通过报刊、广播、电视、互联网等方式,广泛深入宣传化解钢铁过剩产能的重要意义和经验做法,加强政策解读,回应社会关切,形成良好的舆论环境。

国务院
2016 年 2 月 1 日

(来源:中国政府网)

参 考 文 献

[1] 艾尔弗雷德·D·钱德勒. 战略与结构：美国工商企业成长的若干篇章 ［M］. 昆明：云南人民出版社，2002.

[2] 巴纳德. 经理人员的职能 ［M］. 北京：中国社会科学出版社，1997.

[3] 柴晨曦，苏慧文. 信息化视角下的中间组织 ［J］. 现代企业，2008（6）：53~54.

[4] 陈芬森. 大转变——国有企业改革沉思录 ［M］. 北京：人民出版社，1999.

[5] 陈佳贵，王钦. 跨国公司并购与大型国有企业改革 ［J］. 中国工业经济，2003（4）：13~17.

[6] 陈樵生. 企业集团组织管理体制存在问题透视 ［J］. 福建改革，2000（5）：23~24.

[7] 陈清泰，吴敬琏，谢伏瞻. 国企改革攻坚15题 ［M］. 北京：中国经济出版社，1999.

[8] 陈志军，董青. 母子公司文化控制与子公司效能研究 ［J］. 南口管理评论，2011（1）：75~82.

[9] 戴魁早. 因子分析在我国钢铁市场绩效分析中的应用 ［J］. 数理统计与管理，2008（3）：197~203.

[10] 道格拉斯·C·诺斯. 制度、制度变迁与经济绩效 ［M］. 上海：上海三联书店，1994.

[11] 邓荣霖，吴欣，郑平. 组织文化、组织结构与绩效：中国企业的实证研究 ［J］. 商业研究，2006（22）：24~30.

[12] 杜春丽，成金华，邹伟进. 我国钢铁企业规模效益实证分析 ［J］. 统计观察，2009（2）：79~82.

[13] 杜立辉，王兴艳. 2008年不同规模和所有制钢铁企业盈利能力比较 ［J］. 冶金经济与管理，2009（6）：14~21.

[14] 段文斌，Chen J，韩亮. 国有企业改革20年反思与前瞻 ［J］. 南开管理评论，1999（6）：10~14.

[15] 法约尔 H. 工业管理和一般管理 ［M］. 北京：中国社会科学出版社，1985.

[16] 国家计委宏观经济研究院课题组. 大型企业集团发展政策研究 ［M］. 北京：中国经济出版社，1996.

[17] 国家计委企业集团发展模式课题组. 面向21世纪的企业集团发展战略 ［J］. 管理世界，1999（5）：132~145.

[18] 郭声琨. 大型国有企业组织结构及治理机制研究 ［D］. 北京：北京科技大学，2006.

[19] 纪玉俊. 基于网络组织的产业集群分析 ［J］. 财经科学，2010（2）：75~82.

[20] 贾国玺. 对企业规模经济的深层次认识 ［J］. 企业活力，2003（9）：32~33.

[21] 贾良定. 专业化协调与企业战略 ［M］. 南京：南京大学出版社，2002.

[22] 蒋锡麟. 钢铁企业并购后整合策略研究 ［J］. 新材料产业，2009（7）：70~77.

[23] 蒋选. 企业集团形成的动因和组建方式 ［J］. 工业经济，1998（2）：29~32.

[24] 科特，赫斯克特. 企业文化与经营业绩 ［M］. 北京：中国人民大学出版社，2004：42~55.

[25] 理查德·L·达夫特. 组织理论与设计 ［M］. 北京：清华大学出版社，2003.

[26] 李景云. 大型钢铁企业集团管控模式探讨 ［J］. 冶金经济与管理，2009（3）：26~30.

[27] 李荣融. 培育和发展具有国际竞争力的大型企业集团 [J]. 中国投资, 2001 (7).

[28] 李生琦, 徐福缘, 吴锋. 企业系统组织结构的若干问题探究 [J]. 科技进步与对策, 2004 (1): 10~13.

[29] 李涛. 对学习型组织结构形式的研究 [J]. 科学与科学技术管理, 2002 (9): 39~41.

[30] 李晓辉, 柴丽俊, 高俊山. 企业协作生产方式决策的过程分析 [J]. 管理评论, 2005 (6): 55~58.

[31] 林润辉, 李维安. 网络组织更具环境适应能力的新型组织模式 [J]. 南开管理评论, 2000, 3: 4~7.

[32] 林山. 组织结构特性与组织知识创新的关系研究 [D]. 广州: 华南理工大学, 2005.

[33] 刘秉镰, 林坦, 刘玉海. 规模和所有权视角下的中国钢铁企业动态效率研究——基于 Malmquist 指数 [J]. 中国软科学, 2010 (1): 150~157.

[34] 刘俊. 产业结构调整中的规模经济误区及地区专业化集群经济 [J]. 商业经济与管理, 2003 (3): 42~45.

[35] 刘文彬, 唐杰. 网络组织内权力的来源与变迁初探 [J]. 电子科技大学学报 (社科版), 2009 (5): 9~13.

[36] 刘兴国, 韩玉启, 左静. 传统企业组织结构模式的比较分析 [J]. 科学学与科学技术管理, 2003 (3): 76~80.

[37] 刘漩华. 夏洪胜. 惠青山. 构建有利于组织学习的新型组织结构 [J]. 工业经济师, 2002 (9): 15~17.

[38] 刘蓉. 论我国企业集团的组织结构及其组织定位 [J]. 俞州大学学报 (社会科学版), 2000 (1): 21~24.

[39] 刘晓冰, 孙永利, 郝应光. 集团化钢铁企业现代集成制造系统整体架构及应用研究 [J]. 计算机集成制造系统, 2006 (9): 1411~1416.

[40] 刘延平. 多维视野下的组织理论 [M]. 北京: 清华大学出版社, 2007.

[41] 卢建新. 中间组织崛起的原因 [J]. 中南财经政法大学学报, 2005 (1): 23~27.

[42] 罗纳德·科斯. 企业的性质: 企业、市场和法律 [M]. 陈郁, 译. 上海: 上海三联书店, 1990.

[43] 梅耶. 市场经济和过渡经济的企业治理机制. 见: 谭安杰. 改革中的企业督导机制. 北京: 中国经济出版社, 1997.

[44] 牛琦彬, 邓玉辉. 21 世纪企业组织结构发展趋势分析 [J]. 中国石油大学学报 (社会科学版), 2006 (2): 13~17.

[45] 潘保华. 国有企业改革与发展的综合思考 [J]. 学术研究, 1999 (7): 10~13.

[46] 潘向东. 嵌入网络的组织: 一个分析组织制度的新框架 [J]. 产业与科技论坛, 2009 (10): 146~148.

[47] 片峰, 栾维新, 李丹, 等. 我国钢铁行业产业集中度问题研究 [J]. 经济问题探索, 2014 (10): 70~75.

[48] 蒲勇健, 赵国强. 内在动机与授权决策 [J]. 管理工程学报, 2005, 19 (1): 108~114.

[49] 宋典, 吴向京. 中国企业国际化进程中的组织结构问题 [J]. 理论学刊, 2006 (4):

34~37.

[50] 宋炳方. 驾驭集团——企业集团的形成、组织与战略 [M]. 北京：经济管理出版社，1999.

[51] 邵仲岩. 基于权力——权利系统的企业组织变革研究 [D]. 哈尔滨：哈尔滨工程大学，2006.

[52] 邵仲岩，孙永军. 企业组织变革与权力——权利系统关系研究 [J]. 工业技术经济，2005，24 (3)：114~115.

[53] 泰罗 F W. 管理科学原理 [M]. 北京：中国社会科学出版社，1985.

[54] 王光勇. 中国钢铁企业并购重组的思考 [J]. 企业研究，2007 (8)：67~68.

[55] 汪建新. 组织内控制权分配：机制设计的视角 [J]. 南开管理评论，2008 (2)：61~68.

[56] 王昶. 企业集团战略重组决策研究 [M]. 长沙：湖南人民出版社，2008.

[57] 王志伟. 现代西方经济学流派 [M]. 北京：北京大学出版社，2002：87~89.

[58] 魏东海. 论企业集团的组织经济性 [J]. 工业经济，1998 (1)：25.

[59] 威廉姆斯. 组织绩效管理 [M]. 北京：清华大学出版社，2002.

[60] 吴敬琏. 现代公司与企业改革 [M]. 天津：天津人民出版社，1994.

[61] 吴慧欣，董海祥，张强. 网络组织信息共享的演化博弈研究 [J]. 计算机工程与应用，2009，45 (16)：232~235.

[62] 武巧珍，贺晓春. 公司治理结构的发展趋势与我国公司治理结构的现状分析 [J]. 经济问题，2002 (4).

[63] 席酉民，姚小涛. 环境变革中的企业与企业集团 [M]. 北京：机械工业出版社，2002.

[64] 小艾尔弗雷德·D·钱德勒. 企业规模经济与范围经济：工业资本主义的原动力 [M]. 北京：中国社会科学出版社，1999.

[65] 谢心灵，刘伟，邓蕾. 联盟型网络组织战略协同模型的构建 [J]. 科技进步与对策，2008 (5)：15~18.

[66] 徐碧琳，王熹. 组织间的非契约机制与网络组织运行效率研究述评 [J]. 经济理论与经济管理，2008 (8)：20~23.

[67] 许秋起，刘春梅. 权力关系的网络组织：企业的性质的再解读——一种基于演进论的视角 [J]. 经济学研究，2007 (7)：32~38.

[68] 许强，陈劲. 基于网络结构的母子公司组织关系 [J]. 外国经济与管理，2001 (3)：35~39.

[69] 徐占忱. 组织中的权力关系辨析 [J]. 学术交流，2003 (8)：129~131.

[70] 徐滇庆，文贯中. 中国国有企业改革 [M]. 北京：中国经济出版社，1996.

[71] 杨瑞龙，冯健. 企业间网络前效率边界：经济组织逻辑的重新审视 [J]. 中国工业经济，2003 (11)：5~13.

[72] 闫二旺. 网络组织的机制、演化与形态 [J]. 当代财经，2005，1：69~72.

[73] 杨小凯，黄有光. 专业化和经济组织 [M]. 北京：经济科学出版社，1999.

[74] 杨宗昌，赵红，刘悦. 公司治理模式发展趋势综述 [J]. 当代经济科学，2004 (1)：81~85.

[75] 叶祥松. 国有企业治理结构存在的问题综述 [J]. 广东社会科学, 2006 (1): 29~32.

[76] 伊淑彪, 丁启军. 中国钢铁企业规模经济效率分析 [J]. 山西财经大学学报, 2009 (3): 51~57.

[77] 银温泉. 企业集团上市公司的股权结构改造 [M]. 北京: 外文出版社, 1999.

[78] 银温泉, 减跃如. 中国企业集团体制模式 [M]. 北京: 中国计划出版社, 1999.

[79] 于立. 实施大企业战略应澄清的几个问题 [J]. 中国工业经济, 1998 (2): 73~76.

[80] 于湛. 影响企业组织权力分配过程的因素分析 [J]. 企业管理, 2009 (2): 97~99.

[81] 喻卫斌. 试析网络组织的形成 [J]. 经济问题, 2009 (7): 15~17.

[82] 禹来. 国有企业外部人控制问题 [J]. 管理世界, 2002 (2): 18~23.

[83] 余明助, 秦兆玮. 台商海外子公司控制机制与绩效关系之研究: 以代理理论和资源互赖之观点. 第二届两岸产业发展与经营管理学术研讨会, 2002.

[84] 叶广宇, 陈静玲, 蓝海林. 企业总部价值创造方式与转型期中国企业总部类型 [J]. 管理学报, 2010 (3): 331~337.

[85] 韵江, 高良谋. 公司治理、组织能力和社会责任 [J]. 企业管理研究, 2006 (2): 17~24.

[86] 张丹宁, 唐晓华. 产业网络组织及其分类研究 [J]. 中国工业经济, 2008 (2): 57~65.

[87] 张玉利. 管理学 [M]. 天津: 南开大学出版社, 2004.

[88] 张维迎. 企业理论与中国企业改革 [M]. 北京: 北京大学出版社, 1999.

[89] 张文魁. 大型企业集团管理体制研究: 组织结构、管理控制与公司治理 [J]. 改革, 2003 (1): 23~32.

[90] 张先治. 内部管理控制论 [M]. 北京: 中国财政经济出版社, 2004.

[91] 张宜霞. 内部控制 - 基于企业本质的研究 [M]. 北京: 中国财政经济出版社, 2004.

[92] 张晓钦. 我国大型企业集团发展的现状分析 [J]. 国有资产管理, 1998 (4): 13~16.

[93] 赵国强. 组织中权力及授权的资源配置理论 [J]. 现代管理科学, 2006 (9): 51~53.

[94] 中国钢铁工业协会. 推进结构性改革促进钢铁行业提质增效转型升级 [J]. 冶金财会, 2016 (1): 4~13.

[95] 中国钢铁工业协会改革与管理工作委员会. 中国钢铁企业管理现状调研报告 [J]. 冶金管理, 2009 (9): 4~15.

[96] 钟建安. 信息技术对组织结构设计的影响 [J]. 应用心理学, 2001, 7 (1): 44~48.

[97] 周叔莲. 二十年来中国国有企业改革的回顾与展望 [J]. 中国社会科学, 1998 (6): 44~58.

[98] 朱敏. 中国企业集团的形成及其作用. 见: 年鉴编辑委员会编. 中国企业发展年鉴 (1988). 北京: 中国展望出版社, 1988.

[99] Aghion P, Tirole J. Formal and Real Authority in Organizations [J]. Journal fo Political Economy, 1999 (105): 1~29.

[100] Alan W R, Gregory G D. The Congruence Perspective of Organization Design: A Conceptual Model and Multivariate Research Approach [J]. Academy of Management Review, 1984 (9): 114~127.

[101] Annewil K H. Managing the Multinationals: An International study of control Mechanism [M]. Edward Elgar PPZI, 1999.

[102] Armour H O, Teece D J. Organizational structure and economic performance: a test of the multidivisional hypothesis [J], Bell Journal of Economics. 1978, 9 (1): 106 ~ 112.

[103] Anthony R N. Planning and Control Systems: A Framework for Analysis [M], Harvard University, 1965.

[104] Baliga, Jaeger. Multinational Corporations Control Systems and Delegation Issues [J]. Journal of International Business Studies, 1984: 25 ~ 40.

[105] Baliga S. Decentralization and Collusion [J]. Journal of Economic Theory, 1998 (83): 196 ~ 232.

[106] Baron D P. Information, Control, and Organizational Structure [J]. Journal of Economics and Management Strategy, 1992 (1): 237 ~ 275.

[107] Bernardin H J, Dahmus S A, Redmon G. Attitudes of First – Line Supervisors toward Subordinate Appraisals [J]. Human Resource Management, 1993, 32: 315 ~ 324.

[108] Bettis R A, Prahalad C K. The Dominant Logic: A New Linkage between Diversity and Performance [J]. Strategic ManagementJournal, 1986 (6): 485 ~ 502.

[109] Binning J F, Barrett G V. Validity of personnel decisions – A conceptual analysis of the inferential and evidential bases [J]. Journal of Applied Psychology, 1989, 74 (3): 478 ~ 494.

[110] Bower J B, Schlosser R E. Internal control: Its true nature [J], Accounting Review, 1965, 40 (2): 338 ~ 344.

[111] Birkinshaw, Hood. Multinational Subsidiary Evolution: Capability and Charter Change in Foreign – Owned Subsidiary Companies [J]. Academy of Management Review, 1998, 23 (4): 773 ~ 795.

[112] Bremer C, Walz M, Molina A, et al. Global VAIRTUAL Enterprise Buxiness – A systematic Approach for Exploiting Buxiness Opportunities in Dynamic Markets [J]. International Journal of Agile Manufacturing, 1999, 2 (1): 1 ~ 11.

[113] Camarina – matos L M, Afsarmanesh J, Garita C, Lima C. Towards an Architecture for Virtual Enterprises [J]. Journal of Intelligent Manufacturing, 1998 (9): 189 ~ 199.

[114] Cameron K S, Quinn R E. Diagnosing and Changing Organizational Culture: Based on the Competing Values Framework [M]. New York: Addison – wesley Press, 1999: 42 ~ 46.

[115] Bolton P, Dewatripoint M. The Firm as a Communication Network [J]. Quartely Journal of Economics, 1994, 109 (4): 809 ~ 839.

[116] Celik G. Mechanism Design with Collusive Supervision. Mimeo, Ocotober 2005, Department of Economics, University of British Columbia, Vancouver. Forthcoming, Review of Economic Studies, 2002.

[117] Chee W C, Kamal M H, James E W. Applying the Balanced Scorecard to Small Companies [J]. Management Accounting, 1997 (79): 21 ~ 27.

[118] Christopher A B, Sumantra G. Matrix Management: Not a Structure, a Frame of Mind [J]. Harvard Business Review, (July – August), 1990: 138 ~ 145.

[119] Dalton G W, Lawrence P R. Motivation and Control in Organizations. Homewood, 1971.

[120] David B Jemison, Philippe C Haspeslagh. Managing Acquisitions [M]. Free Press, 1991.

[121] Dessein W. Authority and Communication in Organizations. Review of Economic Srudies.

[122] Donaldson L. Anti – management Paradigm in Organization Theory. American Anti – management Theories of Organization [M]. Cambridge: Cambridge University Press, 1995.

[123] Donoghue L P, Harris J G, Weitzman B A. Knowledge Management Strategies that Create Value [J]. Andersen Consulting Outlook, 1999 (1): 48 ~ 53.

[124] Efferin S, Hopper T. Management Control, Culture and Ethnicity in a Chinese Indonesian company [J]. Accounting, Organizations and Society, 2007 (32): 223 ~ 262.

[125] Eric W L, David H G. Matrix Management: Contradictions and Insight [J]. California Management Review, 1987 (29): 126 ~ 138.

[126] Fama E. Agency Problem and the Theory of the Firm [J]. Journal of Political Economy, 1980 (1): 288 ~ 307.

[127] Faure – Grimaud A, Laffont J J, Martimort D Collusion: Delegation and Supervision with Soft Information, University of Toulouse [J]. Review of Economic Studies, 2003 (70): 253 ~ 280.

[128] Federico Butera. Adapting the Pattern of University Organization to the Needs of the Knowledge Economy [J]. European Journal of Education, 2000, 35 (4): 26 ~ 42.

[129] Jaeger A M. The Transfer of Organizational Culture Over – seas: An Approach to Control in the Multinational Corporation [J]. Journal of International Business Studies, 1983 (15): 91 ~ 114.

[130] James R B. Tightening the Iron Cage: Coercive Control in Self – Managing Teams [J]. Administrative Science Quarterly, 1993 (38): 408 ~ 437.

[131] Jenson M. Theory of the Firm: managerial Behavior, Agent Costs and Ownership Structure [J]. Journal of Financial Economics, 1976 (3): 305 ~ 360.

[132] Jensen M. Performance Pay and Top – management Incentive [J]. Journal of political Economy, 1990 (3): 225 ~ 264.

[133] Joseph W. A Big Company that Works [J]. Business Week, 1992, 4 (5): 124 ~ 132.

[134] Johe C. Organization, NY: Harper & Row, 1984.

[135] Hart O J. More Property Rights and the Nature of the firm [J]. Joumal of Political Economy, 1990 (98): 1119 ~ 1158.

[136] Hakansson, H. Industrial Technological Development: A Network Approach [M]. London, 1987.

[137] Harris M, Raviv A. Allocation of Decision – making Authority [J]. Review of Finance, 2005 (9): 353 ~ 383.

[138] Genctruk, Aulakh. The use of Proeess and output controls in foreign markets [J]. Journal of International Business studies, 1995, 26 (4): 755 ~ 786.

[139] Ghoshal, Nohria. Internal Difference within Multinational Corporations [J]. Strategic Management, 1989 (10): 357 ~ 364.

［140］ Giglinni G B. Bedeian A G. A Conspectus of Management Control Theory: 1900 – 1972 ［J］. Academy of Management Journal, 1974, 17 (2).

［141］ Khandwalla P N. The design of organization ［M］. New York: Harcourt Braee Jaronovieh, 1977.

［142］ Kenneth P, Steven G, Rogger N. Agile Competitors and Virtual Organization: Strategies for Enriching the Customer ［M］. Van Nostrand Reinhole, A Division of International Thomson Publishing Inc, 1995.

［143］ Koontz H. The Management Theory Jungle ［J］. Journal of Academy of Management, 1961.

［144］ Koontz H. The Management Theory Jungle Revisited ［J］. Academy of Management review, 1980, 5 (2).

［145］ Lai G C, Limpaphayom P. Organizational structure and performance: evidence from the nonlife insurance industry in Japan ［J］. Journal of Risk and Insurance, 2003, 70 (4): 735 ~757.

［146］ Lawton R B. Matrix Management in Hospitals: Testing Theories of Matrix Structure and Development ［J］. Administrative Science Quarterly, 1989 (34): 349 ~368.

［147］ Lin X, Germain R. organizational structure, context, customer orientation and performance: lessons from Chinese state – owned enterprises ［J］, Strategies Management Journey, 2003 (11): 1131 ~2151.

［148］ Lowe E A, Mcinnes J M. Control of Socil – economic Organizations: A Rationale for the Design of Management Control Sustems ［J］. Journal of Management Studies, 1971 (8).

［149］ Martinez, Jarillo. The Evolution of Research on Coordination Mechanisms in Multinational Corporations ［J］. Journal of International Busimess Studies, 1989 (20).

［150］ Melumand, Nahum. Contract Complexity, Incentives and the Value of Delegation ［J］. Journal of Economics and Management Strategy, 1992, 6 (2): 257 ~289.

［151］ Melumand, Nahum. Hierarchical Decentralization of Incentive Contracts ［J］. Rand Journal of Economics, 1995, 26 (4): 654 ~672.

［152］ Merchant K A. The Control Function of Management ［J］. Sloan Management Review, 1982: 43 ~55.

［153］ Morris M H, Allen J. Minet Schindehutte, Rammon Avila. Balanced Management Control Systems as a Mechanism for Achieving Corporate Entrepreneurship ［J］. Journal of Managerial issues, 2006 (12): 468 ~494.

［154］ Mohrman A M, Resnick – West S M, Lawler E E. Designing Performance Appraisal Systems. SanFransico, CA: Jossey – Bass, 1989.

［155］ Mookherjee, Dilip, Masatoshi Tsumagari. The Organization of Supply Networks: Effects of Delegation and Intermediation ［J］. Econometrica, 2004, 72 (4): 1179 ~1220.

［156］ Myerson R. Optimal Coordination Mechanisms in Generalized Principal Agent Problems ［J］. Joural of Mathematical Economics, 1982 (6): 67 ~81.

［157］ Otle, Berry. Control, Organization and Accountiong ［J］. Accounting Organization and Society, 1980.

[158] Ouchi W G. A Conceptual Framework for the Design of Organizational Control Mechanisme [J]. Management science, 1979, 25 (9).

[159] Raymond E Miles, Charles C Snow. Organization: New Concepts for New Forms [J]. California Management Review, Sprint, 1986 (62).

[160] Richard L, Peter K M. An Information Processing Approach for Deciding Upon Control Strategies and Reducing Control Loss in Emerging Organizations [J]. Journal of Management, 1996 (22): 113 ~ 37.

[161] Robert C F, Alan W R. Cross – Functional Structures: A Review and Integration of Matrix Organizations and Project Management [J]. Journal of Management, 1992 (18): 267 ~ 294.

[162] Robert D. What is the Right Organization Structure? Decision Tree Analysis Provides the Answer [J]. Organization Dynamics, 1979: 59 ~ 80.

[163] Robert S. Strategic Organizations and Top Management Attention To Control Systems [J]. Strategic Management Journal, 1991 (12): 491 ~ 562.

[164] Roth, Morrison. An empirical Analysis of the Integration – responsiveness Framework in Global Industries [J]. Journal of International Business Studies, 1990: 541 ~ 564.

[165] Schein E H. Coming to a New Awareness of Organizational Culture [J]. Sloan Management Review, 1984 (25): 3 ~ 16.

[166] Scoot W R. The Subject is Organizations. Organization: Rational, Natural and Open System [M]. London: Prentice Hall International, 1992.

[167] Severinov S. Optimal Organization: Centralization, Decentraliztion of Delegation? [J] Working Papers – Duke Fuqua School of Business, 2002 (1): 1 ~ 34.

[168] Stephen G G, Ann M W. Cybernetics and Dependents: Reframing the Control Concept [J]. Academy of Management Review, 1988 (13): 287 ~ 301.

[169] Tannenbaum A S. Control in Organizations [M]. New York: McGraw – Hill, 1968.

[170] Welch E D, Welch S L. Commitment for Hire? The Viabil – ity of Corporate Culture as a MNC Control Mechanism [J]. International Business Review, 2006 (15): 14 ~ 28.

[171] William G O. A Conceptual Framework for the Design of Organization Control Mechanisms [J]. Management Science, 1979 (25): 833 ~ 848.

[172] The NIIIP Reference Architecture. Heep: //www. niiiip. org, 1996.

[173] William G O. Markets, Bureaucracies and Clans [J]. Administrative Science Quarterly, 1980 (25): 129 ~ 141.

[174] Williamson O E. Markets and Hierarchies: Analysis and Antitrust Implications: A Study in the Economies of Internal Organization [M]. NY: Free Press, 1975.

[175] Williamson, Olive E. Comparative Economics organization: The Analysis of Discrete structure Alternatives [J]. Administrative science Quarterly, 1991, 36: 269 ~ 296.

[176] Williamson, Olive E. Transaction cost economics. In Richard Schmalensee and Robert Willig, eds. Handbook of industrial organization. Amsterdam: North—Holland, 1989: 135 ~ 182.